LES PRÉSENCES IMPARFAITES

Youness Bousenna

LES PRÉSENCES IMPARFAITES

Rivages

Retrouvez l'ensemble des parutions
des Éditions Payot & Rivages sur

payot-rivages.fr

Collection dirigée par Émilie Colombani

I

Mon adolescence ne fut qu'un long ennui. On m'avait promis une grande fête ; l'âge des émois, des découvertes. La mienne fut molle, sans relief, je peux même dire insipide. J'aurais pu, bien entendu, être battu par mes parents, malformé ou exploité dans une mine de cobalt. Mais non, et mon drame se joue ici. Je n'avais aucune raison de me plaindre. On l'oublie, ou on le tait : le malheur offre aussi un salut. Avec de l'infortune, j'aurais au moins connu quelque chose, une épreuve qui me grandisse, me renforce en tant qu'homme. C'était la seule possibilité qu'il se passât quelque chose – et elle n'est jamais venue. Le pire, c'est donc que j'ai toujours eu de la chance : d'être épargné, de manger à ma faim, de napper l'ensemble de quelques plaisirs. De la chance, je veux dire la malédiction de ce bonheur par défaut voulant qu'une vie préservée du malheur puisse être jugée heureuse.

Aujourd'hui encore, j'éprouve de la peine à me remémorer les événements marquants de cette jeunesse. Si peu reste imprimé dans ma mémoire. J'avais des amis, une famille, des activités – bref, j'étais *normal*.

Cependant, il y avait cet ennui transperçant tout, qui a laissé son inaltérable empreinte en moi. Je me souviens ; je me souviens d'abord de ces moments passés dans ma chambre à ne rien faire. Car il y avait les jours contraints de collège, de lycée, et les jours chômés qui signifiaient d'abord le chômage de la vie. Je n'aimais pas lire, les ordinateurs n'existaient pas, la drogue m'était inaccessible. Quelquefois, partageant cet espoir de rien avec mes parents qui, j'en suis sûr, attendaient aussi, attendaient toujours, nous jouions aux cartes, au Monopoly, vestiges de l'enfance restés auprès de nous. Acheter, vendre, oublier l'heure. Une ou deux passaient, reportant d'autant le retour dans ma chambre.

Depuis cette base arrière, j'affrontais les minutes vaines, les pires, entre 14 heures et 17 heures, plus cruelles encore les week-ends parce qu'elles auraient dû être remplies par le bonheur. J'ai gardé la haine des débuts d'après-midi, du combat qu'ils m'ont si longtemps imposé. Pour le mener, je disposais de l'éternelle acolyte qu'était ma radio. Je la laissais tourner pour peupler l'air, participant grâce aux stations pirates à une entreprise excitante, connecté à cette autre humanité qui vivait et bougeait. À la révolte de vivre un samedi inutile se mêlait la convoitise pour ces existences. L'intervalle débuté le vendredi soir n'était pas, pour elles, ce couloir d'attente faisant languir le lundi matin, c'est-à-dire le retour de l'ennui imposé, dont la docilité repose. Ces bourgeois d'une lutte des classes secrète, qui divise le monde entre ceux qui s'amusent et ceux qui s'ennuient, je leur imaginais des samedis matin pleins du vertige à venir d'un week-end de fêtes, d'évasions, d'activités nouvelles. Je pensais à eux comme un employé à son patron, avec un mélange d'admiration et de haine.

Mais cette vision n'était qu'une fantasmagorie : dans notre monde, ces nantis n'existaient pas. Je ne pouvais les imaginer qu'avec l'aide des magazines et de la publicité, chronique de leur vie qui est une façon de s'insinuer dans la nôtre. À cette époque, je parle des années 1970, il y avait encore peu de réclames. Est-ce pour cela que Papa et Maman n'y prêtaient pas attention ? Devant la télé, ils n'accordaient qu'un regard flasque, sans acrimonie envers cet univers de beauté qui insultait le nôtre où régnaient l'immobilité, l'ennui et, si souvent, la laideur.

Cet univers était tout proche. Depuis certains immeubles de Thiais, on pouvait d'ailleurs apercevoir la cime magique de la tour Eiffel. Mais pas de chez nous, qui habitions une maison de plain-pied. Récente, elle semblait déjà antique au milieu des HLM construits à la hâte, que la décolonisation avait remplis. Depuis, Thiais, c'était du béton partout avec du goudron autour, des centres commerciaux et des autoroutes pour aller vite, loin. Être de Thiais, c'était faire partie de cette gigantesque ceinture de laideur et de pollution cernant Paris, remplie par ces bataillons de subalternes (personnel de ménage, hôtes d'accueil, secrétaires, petits chefs) ayant le droit d'y accéder quelques heures, pour travailler. Papa s'y rendait chaque jour. Il était aux Grands Moulins, dans les bureaux. Maman, elle, travaillait dans un salon de coiffure, à Choisy-le-Roi. Ici, on nous avait prévu une vie qui ne se définissait que par des adjectifs lamentables comme pratique, commode, fonctionnel.

Pour seul musée, nous avions Belle Épine. Ce centre commercial animait merveilleusement mes samedis insipides, avec sa bizarre initiation à la beauté qui tient à ce que vous pouvez tout y acquérir. Imagine-t-on sortir d'un musée avec un Van Gogh sous le bras ? Dans notre galerie, tout avait un prix. Au lieu de nous entraîner à contempler, nous apprenions à posséder. J'ai beaucoup désiré Belle Épine, dont j'ai été privé longtemps. Maman me donna le droit d'y aller à quinze ans. Avant, c'était trop tôt. Elle était toujours effrayée qu'il m'arrivât un malheur. Moi, je lui rétorquais que le danger de ma vie, c'était qu'il ne m'arrivait jamais rien – et nous nous disputions. J'entrais dans des états de colère profonde, décuplée au moment où elle me rétorquait que j'avais *tout* ici, me soumettant une sorte d'argument définitif au confort qui me mettait hors de moi, et que j'exprimais le plus souvent en frappant de rage la porte de mon armoire.

Quand je pus enfin aller à Belle Épine (j'entends : affranchi de la présence parentale m'obligeant à baisser le regard lorsque je croisais une fille de mon âge), le lieu avait gagné une aura magique. Le conflit se déporta sur le moyen de locomotion. Je rêvais d'une mobylette que Maman me refusa au nom de je ne sais quel cousin éloigné qui s'était tué ainsi. Bien que l'exploitation du drame en rendît la véracité louche, je finis presque par en vouloir à ce pauvre garçon, car Maman s'opposa à l'achat de quelque moyen de transport motorisé que ce soit, mais elle m'interdit également d'en être le passager. Nous avions trouvé une parade. Mike m'attendait avec sa mobylette près de l'arrêt du bus que j'étais censé prendre, par chance invisible depuis la maison, et nous filions vers Belle Épine gratifiés de deux plaisirs : la liesse de la vitesse et le délice des francs inutilisés du bus dont nous pourrions jouir.

Une fois là-bas, nous tournions et retournions dans les allées, émerveillés par les choses et tous ces êtres qui, eux aussi fascinés par ces marchandises, nous devenaient complices. Nous entrions dans les magasins, auscultions les articles, essayant parfois un vêtement avec l'idée d'en faire un cadeau de Noël ou d'anniversaire. Il faut avoir vécu ces heures de frustration pour comprendre la faim dévorante d'avoir.

À défaut d'acheter, ces expéditions se résumaient à une déambulation, flânerie sommaire et sophistiquée qui devait mêler l'air d'aller quelque part (l'errance est, dans la microsociété des zoneurs de Belle Épine, l'aveu d'une impuissance) à une lenteur stratégique, qui nous permettait de ne pas arriver trop vite au bout de la galerie. Cette lenteur était nécessaire à notre parade : nous effectuions chaque pas avec assurance, torse bombé et épaules redressées, crachant à l'occasion parce que notre esthétique du bandana nous invitait à jouer les durs. De ces sorties, j'ai gardé la conviction que paraître signifiait être.

Notre air grave, sûr, compensait la timidité, la cloisonnait en nous. Seule l'assurance devait se montrer, attribut indispensable dans cet espace abritant un double marché, celui des objets et de la séduction juvénile. L'adolescence de Thiais s'y croisait et, découvrant maladroitement les lois de la drague, nous ressentions tous, dans ce territoire de l'amour brouillon, le même mélange d'attraction et de peur.

Nous venions en bande. La mienne était plus que cela : une fraternité. Avec Mike, nous formions un duo qui se ressentait jusque dans notre blase (blase était un mot que nous employions à l'époque), « Mike & Marco », appellation qui nous permettait de dépasser l'anonymat de nos prénoms, Michel et Marc. Je n'aime pas le mien. J'en tenais rigueur à mes parents, à ma mère surtout qui avait eu le dernier mot (mon père étant toujours indécis, indécision figeant le fonctionnement de leur couple, ma mère ne le consultant que sur des sujets qu'elle trancherait ensuite au motif, précisément, de son hésitation).

Ce sentiment n'a jamais été profond, ni tenace, cependant une légère rancœur me vient ponctuellement à l'égard de ce prénom court et sec, raclant la gorge tel le berk de dégoût, qui malgré cette audace n'imprime rien, lestant ma destinée d'une banalité supplémentaire. Mon legs porte même une once de grotesque, puisque je ne m'appelle pas seulement Marc, mais aussi Pépin. Papa désamorçait la trivialité de ce nom par une boutade éternelle, déballée à chaque guichet d'administration, accueil de camping et autre club de sport : Pépin-comme-Pépin-le-Bref.

À quoi il ajoutait, les jours de bonne humeur, qu'il avait le sang bleu en montrant son poignet. Cette ascendance carolingienne n'empêcha pas que, dès l'enfance, ce mot s'associa pour moi à une image, celle toute bête d'une pomme. Je suis donc Marc Pépin, cousin de ces petites graines, comme j'aurais pu naître compère des étagères ou des nuages.

Pour seule grâce, Marc m'offrait la possibilité d'un surnom stylé, qui s'associait à merveille avec celui de Mike. Ce dernier habitait un bâtiment de Thiais, du côté de Choisy-le-Roi. Lui n'avait pas la chance d'habiter un pavillon, habitat distinguant l'employé de bureau qu'était mon père de l'ouvrier qu'était le sien. Ce dernier charriait de la viande à Rungis, dans ce grand marché tout neuf qui éloignait de la capitale un ventre jadis en son centre. À l'exception du logement, je saisissais mal l'écart social qui existait entre Mike et moi. Sa réalité ne m'est apparue que plus tard, lorsque les dissemblances d'abord microscopiques se sont agrandies. Mike a suivi son père à Rungis ; j'ai pris le train dans l'autre sens pour l'université.

Si longtemps après, le souvenir de la postadolescence, ce tour préliminaire de la vie qui détermine si vous jouerez la Ligue des champions ou resterez éternellement dans votre championnat national (la cruauté étant que trop n'ont pas conscience de le jouer), me revient avec le constat navré d'une distance à laquelle ni lui ni moi ne pouvions rien. C'est que la férocité de ces choses ne se manifestait pas encore : je voyais au contraire la chance de Mike. Il n'avait pas de chambre individuelle, mais des libertés qui m'étaient interdites pour des motifs abstraits, tels que l'ordre et la santé. J'ignorais alors les vertus d'une instruction sérieuse ou d'une alimentation saine, enviant des permissions dont je compris plus tard qu'elles étaient une absence de règles, captivité invisible d'une perte de chances débutant par une émancipation : Mike jouissait d'une mobylette m'étant à jamais interdite, pouvait rentrer en pleine nuit ou rater sans raison un repas en famille.

À Belle Épine, ce n'était ni lui ni moi, mais Mike & Marco, entité fusionnant nos timidités en vue de la rencontre. Draguer : ce mot magique était conceptuellement limpide, la difficulté tenant à l'importer dans nos situations pour entrer dans l'aristocratie de ceux qui séduisent, attirent, plaisent. Mutuellement courageux pour ne pas décevoir l'autre, nous rompîmes à quelques reprises nos parades pour aborder une cible. Cela marcha quelques fois.

Nous constatâmes surtout l'impossibilité de reproduire les modèles qui nous écrasaient. Nos approches étaient hésitantes, souvent ridicules, autant que les réactions empâtées qu'elles suscitaient. Comme si nous étions tous là pour vivre des moments qui n'adviendraient pas, enchaînés à une attente seulement trouée par des déceptions dont il fallait s'épanouir, puisqu'elles étaient les vraies rencontres de la vraie vie. Et je me demande encore si nous ne tirions pas plus de satisfaction aux innombrables après-midi de promesses non tenues d'aborder des filles. Elles nous emplissaient, le soir venu, du désir un peu remué mais toujours frustré d'avoir espéré l'incarnation intacte de l'idée, attente qui résume peut-être beaucoup des joies d'une existence.

*

Ces passions rendaient plus inadmissible le retour à la *casa* (je rejoue un hispanisme alors en vogue), avec son terrorisme de l'ordinaire, ses routines m'écrasant comme des canicules. Je ne tardais pas à découvrir un cadeau surgi du néant. J'avais douze ou treize ans lorsque j'ai commencé à animer mes journées vides avec la masturbation. Trois, quatre fois les jours creux. Une telle répétition réclame de goinfrer son imagination. J'ai lu les pages lingerie des *La Redoute* de Maman jusqu'à en délaver les images, fantasmé sur ses clientes du salon où je la rejoignais après l'école, rêvé sur chaque film qui dévoilait une forme de sein, un morceau de fesse. Je jouissais jusqu'au dégoût de cette offrande de la vie à ceux qui s'ennuient, contrepartie de l'évolution pour excuser la désillusion. Ce don était ambigu : il me donnait le plein, puis le rien.

La principale matière première me fut involontairement fournie par ma grande sœur gymnaste, et les week-ends où j'étais traîné à ses compétitions. Cholet, Nice, Montluçon, Strasbourg, Évreux, Saint-Brieuc : nous écumions la France des gymnases Coubertin et des boulevards Clemenceau. Ces sorties m'étaient d'autant plus pénibles que, supportant mal la voiture, je ne pouvais lire ni me distraire autrement qu'en regardant par la fenêtre, afin d'oublier mon estomac vexé. J'appris tous les départements de France au jeu des plaques d'immatriculation. De ces années, j'ai conservé une affection absurde pour les aires d'autoroute, l'exotisme infime de ces flux où j'étais frôlé de si près par l'ailleurs, l'inconnu, et les plaisirs incarnés par le Mars ou le Malabar que mes parents concédaient à mon désœuvrement imposé.

On ne voyait jamais Anne la semaine, pensionnaire de la section gym artistique du sport-études de Meaux. De cette époque, je me souviens de trois mots comme d'une combinaison gagnante de loto : Insep, Pôle Espoirs, Pôle France. Ces ambitions aspirèrent son adolescence, à l'image de sa chambre tapissée de gymnastes, puisqu'elle vivait obnubilée par la compétition d'après, celle d'avant, celle qu'elle avait ratée, ou réussie, l'avis du dirigeant de fédé venu en détection. Cette période a participé à notre fratrie curieuse : j'ai peu vu Anne durant ma jeunesse.

La compétition, sa pression et ses tensions prirent tout. Elles lui donnèrent une précocité qui l'éloigna de moi plus vite que les trois années séparant nos naissances. Anne détenait une autorité innée. Elle était de ces enfants pressés d'être adultes. Cette maturité se retrouvait dans des coutumes propres à notre famille. Comme le fait que, dès l'adolescence, elle avait pris la place de Maman à l'avant de la voiture. Autour de nous, les mères la cédaient pourtant au garçon. Mike monta devant dès la sixième. Moi, je resterais toujours derrière, à côté de Maman. Cet ascendant d'Anne prenait, à mon égard, une tonalité maternelle. Elle ne se préoccupait jamais de mon intimité, de mes goûts, seulement de mon état :

est-ce que j'allais bien ? Elle comprenait ma lassitude d'être incarcéré dans son rêve, qui était aussi celui de Maman, dont la nervosité à l'approche des compétitions trahissait ce qu'elle dissimulait.

Ne pas se prendre la tête, on verra bien, elle est encore jeune : Maman aimait ces relativisations toutes faites, que ses gestes infirmaient. Profanes en gymnastique, ni elle ni Papa n'auraient osé commenter une performance. Elle se recroquevillait sur son périmètre pour régner sur Anne, ce qui était sûrement une manière de l'aimer. Leurs rapports se déployaient dans une sorte de fond marin, sous une écume de distance qui nous échappait, à Papa et à moi. Cet espace contraint ne marquait pas une désaffection, plutôt la limite avant l'électrocution possible qu'était cette zone où la contiguïté de leurs êtres amalgamait l'adoration et la haine, l'amour et la violence. Cette fusion produisait un voltage de trop haute intensité. Anne et Maman entretenaient de ce fait des relations de diplomates, cachant des critiques dans des compliments, déclarant des guerres avec des sourires, n'incarnant les profondeurs que dans la superficie des gestes, et ce tas d'habitudes que nous regardions de loin, Papa et moi, sentant que la foudre pourrait s'abattre à la moindre immixtion.

Nous laissions donc faire l'alliance curieuse les unissant, durant ces compétitions, sur un terrain impromptu : les cheveux d'Anne. Personne d'autre que Maman n'aurait pu s'en occuper, même pas Anne. Maman, qui avait réussi à ne plus travailler les samedis, emportait du salon sa trousse noire Jacques

Dessange où se trouvait le nécessaire pour lui faire son chignon et la maquiller. Chambre d'hôtel, vestiaire ou siège arrière de voiture, ces séances avaient lieu partout, et surtout n'importe où. La situation dictait une rengaine de Maman, qui se plaignait de ne pas pouvoir faire son travail dans de bonnes conditions, effrayée que sa fille rate le chemin des Jeux olympiques pour trois cheveux s'échappant d'une barrette.

Anne la remerciait toujours de la même manière, avec un baiser sur le front. Ce geste était suivi par une scène immuable : Anne rangeant les accessoires de coiffure déballés à l'excès pendant que Maman s'emportait contre cette aide en la pressant de s'échauffer. Cette routine fut rompue une seule fois, pour un championnat de France à Nice où Papa avait insisté pour rouler jusqu'à Monaco, juste pour voir le casino. Anne, préparée par l'assistance du Pôle Espoirs, n'avait pas osé interrompre ce protocole. Elle brisa ainsi celui avec Maman. Je me souviens de son errance dans le gymnase, sa trousse Jacques Dessange à la main, demandant aux officiels où était sa fille ; puis Anne, sortant du vestiaire, magnifique, n'osant même pas aller la voir. Papa avait exfiltré la trousse en proposant d'aller la remettre dans la voiture, abrégeant la dérive de Maman entre les poutres et les chevaux d'arçons.

Ce fut la seule fois où elle ne s'assit pas à côté de nous. Elle s'installa seule, deux rangs derrière. Ni Papa ni moi n'avons eu le cœur de troubler cet exil. À son retour de la voiture, il me lança un sourire pincé auquel je répondis avec la même moue navrée. Nos communications aussi excluaient le verbe, les sourires résumant l'impuissance devant les sempiternelles comédies se jouant entre Anne et Maman, impuissance qui exprimait d'abord le confort de notre tranquillité. Papa se contentait de suivre. Je le soupçonne d'avoir surtout éprouvé, lors de ces incalculables week-ends de gymnastique, le plaisir de la conduite. Non qu'il aimât la vitesse : il savourait simplement le miracle de la locomotion motorisée. Cette magie peut égayer une vie. Chez Papa, il y avait la joie de partager la communion de son siècle, fête à laquelle il participait avec sa Peugeot 504 obtenue à prix cassé grâce à un ami travaillant à l'usine de Sochaux. Quant à moi, le dividende de ces journées planté dans les gradins tenait aux corps de ces femmes – le petit écart d'âge me les faisait voir comme telles – et l'incandescence où ils portaient mon imagination.

De ces compétitions, je conservais un stock de fantasmes qui animait des jours entiers par le seul souvenir d'une poitrine d'inconnue, ou d'un morceau de sexe que les combinaisons moulantes laissaient deviner, quelquefois même apparaître. Je comblais mes va-et-vient solitaires avec l'énergie de ce pétrole miraculeux. Papa, lui, semblait indifférent à ces exhibitions. Ou peut-être que cette indifférence me rassure tant y penser m'eût dégoûté. L'appétit pour cette beauté aurait été sali par son âge, comme par celui de ces autres hommes dont, pourtant, je ne peux imaginer qu'aucun de leurs esprits d'adulte ne fut commotionné. Cette forêt de regards était forcément impure.

Moi, ce ne furent pas juste des corps que je contemplais, mais une grâce à laquelle je m'éduquais, m'initiant à l'harmonie qui peut exister entre l'espace et des gestes, poésie à laquelle mon monde m'avait fait étranger. Il y avait là une école ambiguë, puisque toute cime précède un abîme ou, pire encore, une plaine plate comme l'ennui de mes samedis après-midi : les néons se rallumaient sur les gradins et, avec eux, le retour de ce que j'avais un moment oublié, la normalité des disgrâces, des poils et des graisses. Cette normalité me rendait triste, me mettait en colère, justifiait ma consolation. Me branler c'était me révolter, proclamer l'Intifada contre la cruauté des chairs inaccessibles et pourtant là, contre le sort qui m'avait mis ici, sur ce siège en plastique, réduit à jalouser ces traîtres partageant notre tribune et qui se révélaient en couple avec l'une d'elles.

La fréquence de ces jouissances clandestines finit par m'effrayer. Je craignais la malédiction de la solitude, la condamnation à finir puceau comme ces cousins et ces grands frères adultes et encore vierges, dont nos discussions de collégiens faisaient des parias. J'eus le temps de m'inquiéter : je quittai le lycée sans le moindre rapport sexuel. Ma première amourette avec Claude s'était abrégée sans que j'eusse la possibilité d'explorer plus que sa poitrine – cette timide exploration suffit déjà à m'embraser un paquet de nuits. Je n'eus mon premier rapport qu'à dix-huit ans, l'été après le bac, avec une fille de l'autre classe de terminale que je n'avais pas osé draguer devant les autres parce que je la trouvais laide. Mon désir et l'effroi d'être anormal l'emportèrent sur ces considérations. Je profitai d'un après-midi de semaine pour l'inviter chez moi. De ce jour, je me rappelle surtout la surprise de trouver une curiosité sur son sein gauche : un second mamelon situé juste à côté du vrai. Elle n'avait pas semblé avoir honte de cette excroissance. Cette aisance m'avait donné assez de réconfort pour lui offrir mon sexe vierge et déjà usé.

Cette libération entérina la fin de mon adolescence. Dans l'économie de la rareté que je traversai toutes ces années, Belle Épine changea beaucoup. Le peuple de sa galerie était une réserve à désirs, désirs que nous emmagasinions à deux avec Mike, désirs dont je saisis alors qu'ils étaient le carburant des vrais pipelines, ceux qui décident des guerres et des paix. Dès notre arrivée, nous nous ruions au kiosque acheter le dernier *Lui* avec l'argent inutilisé du bus. Nous en déchirions les pages, les planquions sous le lit, les échangions froissées. Maman finançait ainsi nos éjaculations, comme tous les parents du monde subventionnent aujourd'hui celles de leurs adolescents – mon neveu fait partie de la première génération disposant de *data centers* bourrés de pornographie. Des centrales nucléaires et des mines de charbon tournent pour leur appétit sexuel, pour les aider à attendre.

Vue d'aujourd'hui, notre adolescence ressemble à un âge de pierre. Sa misère a accéléré mon aversion pour Thiais, notre maison, son univers morne et permanent d'habitudes à jamais répétées. J'ignore si je suis génétiquement constitué pour détester la modération, la mesure, la modicité, ou si ce caractère m'a pris telle une embolie, mais il est certain que ma répulsion du juste milieu date de ces années. Cette haine féconda une colère encore plus puissante, une rage qui devait propulser la suite avec un combustible nauséabond et intarissable comme la vraie essence des sous-sols, c'est-à-dire la fureur devant l'ennui d'être.

J'avais identifié le mal : le problème de la vie, c'est la répétition. Et l'espoir d'en attendre quelque chose, seule pilule qui rend les jours supportables. Cette fureur m'élevait contre toute une condition. Certainement contre une époque, aussi. Il m'a toujours paru que l'homme d'aujourd'hui est un homme qui s'ennuie. Non que jadis on ne s'ennuyait pas : l'idée d'occuper son temps n'était pas née. Car il faut avoir perdu du temps pour détester les heures inutiles, les soirées vides, les jours fonctionnels, le temps jamais arrêté par une liesse, filant sans crime ni effusion, retenu par rien. Car il faut avoir perdu du temps pour l'obliger à exister, même par un malheur, n'importe quoi, un truc qui le rende vivant – et décider de vivre pour *soi.*

*

La colère change la vie, la transforme en destin. Celui du monde commence par la colère – contre soi, contre l'ordre, contre le ciel immobile. L'Occident s'élance avec celles d'Achille, de Junon, de Yahvé, des révolutionnaires. La mienne demeure tapie en moi, dard empoisonné sur lequel un rien peut s'empaler.

La colère gagne en détruisant, vainc en écrasant. J'ai réussi ma vie à ce prix, et je l'ai perdue aussi.

Réussir sa vie : j'admets l'ostentation de se décerner une telle formule. Flatter sa fortune paraît aussi impudique que laisser des billets dépasser de ses poches. Comme si le succès rendait heureux. Oui, j'ai eu assez d'argent, un quotidien excitant, quelques petits succès et le privilège de les mépriser. Cette distance est stratégique. J'ai cherché les honneurs, la distinction, en même temps que les moyens de leur échapper. Le journalisme, c'est avoir l'accès aux grands et l'empathie pour les opprimés. L'écriture, c'est l'orgueil de s'offrir à la lecture du monde entier emballé dans l'humilité d'en douter.

Mais la victoire suprême fut au-delà de ces succès, somme toute contingents, qui ont agrémenté ma vie d'adulte. Ce fut le pouvoir souverain par lequel j'ai transformé mon ennui en une volonté assez puissante pour changer le temps. Des jours de Thiais vains comme un cerceau, des jours recommencés, toujours pareils, sans tragédie, transpercés par aucune œuvre, rien, j'ai fait un temps du futur magique, élancé vers un lendemain meilleur qui annonçait, par l'ambition que j'y mettais, des surlendemains plus exaltants, nouveaux. Changer le temps, seul Dieu le peut. Admettez que je tire de ma colère l'idée qu'au sein du périmètre bien délimité de ma vie, Dieu, c'était moi. J'ai longtemps ignoré que cette alchimie bizarre produit son poison – faire de soi sa prison. Être Dieu, c'est être seul. L'impôt qui fait le prix d'une telle vie s'appelle : égoïsme.

L'égoïsme n'est pas seulement l'ambition, c'est aussi une gangrène qui contamine tout. Je reçois le moindre succès d'un proche comme une défaite, chaque bonheur comme une claque. Logiquement, j'ai toujours éprouvé de la jouissance pour le malheur des autres. Pas pour les calamités lointaines, que je me faisais profession d'éclairer par ma plume, ni même les infortunes neutres – la disparition d'un proche, une maladie incurable –, ces détresses-là me servant plutôt de réservoir à humanité où je pouvais appliquer mon empathie.

Les échecs personnels, en particulier, m'inspiraient une volupté perverse, ces anti-réussites qui vous tombent dessus comme une gale : échec d'une recherche d'appartement, échec sentimental, échec professionnel. L'étincelle de jubilation me réclame un effort de concentration pour feindre l'apitoiement et la compassion. L'égoïsme infecte tout, jusqu'au quotidien le plus insignifiant. Je regarde le sol pour ne pas avoir à céder ma place dans un bus bondé ; je me presse pour fermer l'ascenseur quand je vois quelqu'un accélérer pour y pénétrer (et quel plaisir clandestin que la seconde où les portes se ferment, où l'on échappe à la réprobation) ; marchant avec une personne dans la rue, je finis systématiquement par dévier ma trajectoire vers elle, lui coupant le chemin ou la poussant carrément.

Aussi, les gens se permettant de chanter par-dessus une musique m'insupportent, parce que leur voix démolit bien souvent le plaisir de l'écoute, ce qui est une forme d'égoïsme, et que cette initiative embaume leur visage d'une affectation, les yeux fermés et la tête penchée, leur donnant une félicité qui ajoute à mon irritation. Une sorte de haine sociale m'emporte devant les excès de politesse dans les commerces et les mièvreries des habitués de boulangerie, dont les amabilités creuses allongent l'attente. Quant aux supermarchés, je n'ai jamais pu m'empêcher de souffler pour tenter de corriger la lenteur d'un client (surtout ceux qui ne se pressent pas pour ranger leurs courses avant de régler, leur procrastination laissant le tapis encombré). J'ai toujours détesté les airs maniérés, tel celui, prodigieux, des retardataires pénétrant dans une assemblée avec une moue de fakir marchant sur du verre, mimant des pas exagérés, pour bien montrer qu'ils sont silencieux.

Ces manifestations d'agacement sont plus délicates lorsqu'elles accueillent un désir de partage. Je redoute les moments où un proche me montre ses photos de vacances ; puisque regarder ne suffit pas, encore faut-il s'extasier, interroger sur des détails, feindre la curiosité – autant de marques d'intérêt que je dois forcer, ce qui certainement se remarque et me rend désagréable. Ce genre d'exposé m'a toujours indifféré : je me moque du séjour indonésien ou de la randonnée en Bretagne d'untel, de toutes ces choses qu'on s'acharne à asséner. Et puis j'aime, j'aime dire du mal. Qu'y a-t-il de plus délectable qu'une conversation où vous apprenez, sans vous y attendre, une anecdote déshonorante sur la vie d'un tiers ? Quel plaisir, sous couvert de questions indifférentes, que de s'autoriser une phrase définitive sur sa moralité, son insuffisance, ses carences !

*

J'ai cinquante-huit ans : il n'y aura pas de retour. Vous me direz qu'il n'est jamais trop tard. On peut se racheter à n'importe quel âge, même s'il ne reste qu'une journée. Vivre celle-ci dans le don et le dévouement serait le début de la rédemption. Peut-être, après tout. Peut-être est-ce donné à ceux dont l'égoïsme n'a pas tout taché. Je ne sortirai plus de moi, je sais qu'il est trop tard. J'approche les soixante ans, moment où s'achève le deuxième tiers d'une vie. À cet âge, on ne change plus. Non qu'on ne puisse s'amender, mais on ne change plus les conditions, on ne prend plus les chemins délaissés ; on s'enfonce dans le long couloir de ses choix, qui finissent par choisir pour vous. Et je sais comment se termine l'existence des gens de ma race : les vieux égoïstes finissent mal. Comme tous les vrais égoïstes, je n'ai pas eu d'enfant ; comme tous les vrais égoïstes, j'ai pris des voies pour moi quand les autres savaient que, la vitalité se retirant peu à peu, ceux à qui ils l'ont transmise essarteront les chemins d'une vieillesse qui sera, dans mon cas, l'impasse d'une fin sans soins, d'une fin sans humains.

Anne, elle, a fait sa vie. *Fait* plutôt que *réussi*. Ses rêves sont morts avec sa jeunesse, anéantis à dix-sept ans. La chute qui lui abîma les cervicales signifia la fin du sport-études et des horizons de médaille d'or.

Le retour à la normalité fut un attentat pour elle qui avait tout sacrifié depuis l'enfance. Anne, obsédée par la perfection et le contrôle, cessa de manger. Les années suivantes, à la maison, elle n'avalait que deux ou trois cuillères par repas, parfois un yaourt. Son visage noir se ferma à tous les réconforts que nous lui offrions. Ses traits vieillirent d'un coup. Un jour, Maman la mit de force sur la balance : quarante kilos s'affichèrent. Elle se punissait d'exister. Les parents durent composer avec cet inacceptable. Il se traduisit par une cavité curieuse dans la mémoire familiale. Papa, qui nous photographiait sans cesse, adorait façonner des albums de vacances, légender des cartels comme un conservateur de musée, avec les dates, les lieux, les anecdotes. Aucune trace ne reste de cette période.

Un trou noir pour oublier le visage noir, errant à la fac jusqu'à la rencontre décisive, celle de l'infirmier qui faisait le pansement sur les escarres de Mamée à l'époque où Anne la veillait. Il l'a *sauvée*. Le mot est grandiloquent, un peu niais. Je veux dire qu'il lui a donné son amour, ce qui est peut-être un moyen de se guérir des futurs qui n'existeront jamais. Anne a *fait* sa vie : conseillère en voyages chez FRAM, où elle était entrée grâce à sa belle-mère, elle avait acheté une maison avec son mari à Ivry-sur-Seine, point intermédiaire entre son travail et nos parents.

Anthony arriva en 1988. Elle avait trente ans, cet enfant fut l'unique. Maman affirmait qu'elle en aurait voulu plus. Elle disait que c'était la vengeance de son ventre, certaine qu'elle avait fait une fausse couche quelques années plus tôt. Qu'importe, une architecture la porte. Un mari, un fils, une maison : ces muscles suffisent à avoir une raison de vieillir. Je n'ai pas ces forces. À défaut, je mise sur le cerveau. La dissection d'une existence, je m'y étais essayé dans l'écriture. Quatre romans me faisant passer pour un auteur *psychologique*, soit emphatique, ce qui valait à mes yeux une obole d'altruisme et me permit de figurer dans deux sélections du prix Renaudot.

Si la métaphore montagnarde voudrait que j'évoque cette distinction comme un sommet plutôt situé dans le Puy-de-Dôme qu'au Tibet, vous devinez que je n'y croyais pas totalement. Je n'ai jamais versé dans les superstitions, mais il m'arriva une expérience symboliquement étrange le soir où tomba la première liste du Renaudot, en septembre 1998. Rentrant dans mon immeuble, je fis la désagréable expérience de sentir une petite chose empêchant la porte de s'ouvrir entièrement. Je regardai derrière et, dans la pénombre, distinguai la silhouette d'un petit rat, ou d'une grosse souris, venu mourir à cet endroit plutôt que dans l'obscure tuyauterie où ce rongeur devait résider.

La vue de cette carcasse me fit sursauter d'effroi, puis de haine : j'en voulus à cet animal de m'imposer un tel inconfort. Le faible éclairage, qui m'empêchait de voir clairement le sol, me laissait imaginer d'autres dépouilles tapies partout dans le hall, sur lesquelles je pourrais marcher. Nous n'avions, à cette époque, pas de portable pour nous éclairer. Je dus franchir le long couloir conduisant à l'escalier avec cette peur au ventre, évoluant le plus vite possible sur la pointe des pieds, tremblant sous l'effet de cette panique idiote. Bien sûr, je ne croisai aucun autre rat, mais la frousse m'humilia en me torturant plusieurs jours.

Il y avait une morale de fable là-dedans. Ce fut un autre moraliste, Pascal, qui m'accabla le plus, un jour que j'ouvris un vieux Folio dans la caisse à deux euros d'un bouquiniste du quartier : « Nous sommes si présomptueux, que nous voudrions être connus de toute la terre, et même des gens qui viendront quand nous ne serons plus ; et nous sommes si vains, que l'estime de cinq ou six personnes qui nous environnent nous amuse et nous contente. » Contenter, le verbe est terrible. Considérant comme providentiel le hasard d'avoir ouvert le livre à cette page, je m'autorisai à la déchirer en me cachant soigneusement du bouquiniste, alors occupé à fumer avec son collègue d'à côté.

Depuis, cette page gît au fond du cendrier de l'entrée où s'accumulent des trombones, des notices et des punaises, raison pour laquelle je n'ose plus y mettre les doigts. À y réfléchir, cette phrase n'est pas vraie, ou plutôt incomplète : le problème vient que l'estime cesse bien avant la fin physique, rendant l'intéressé caduc, obsolète. On sait que son heure est passée, qu'elle ne fut pas si brillante. Reste à feindre de s'en consoler au nom d'une sagesse à laquelle on ne croit pas, de se dire que cette gloire n'est que le deuil éclatant du bonheur, et d'autres phrases très fausses du même genre, toujours prononcées par des gens au faîte de leur puissance. La vérité est que la fortune est douce parce qu'elle est mensongère, qu'on le sait et qu'on aimerait qu'elle dure éternellement – je n'ignore pas que certains renoncent aux honneurs, fuient le monde, combattent non pour devenir illustres, mais pour rester humains, et ne pas se laisser corrompre par un métal, aussi brillant soit-il. Anne, au moins, avait été épargnée. Sa blessure avait tout tranché d'avance. Elle avait eu la cicatrice d'abord ; moi, la plaie ensuite.

L'étude d'une vie sans filtre, je la ferai donc *ici*. Je veux dire pour personne, aucun lecteur, même pas moi. Ce sera le livre ultime. Il existera en l'air, gravitant parmi tous les astres inconnus, donc inutiles, coincés entre le temps et le néant. Ce livre ne sera jamais vendu, n'aura aucun prix ni dépôt légal ; il sera au mieux retrouvé, un jour, dans mes affaires. S'il m'arrive de dire *vous*, c'est pour tromper la solitude, puisqu'on n'écrit pas pour soi, hormis des listes de courses, des notes pratiques, un journal intime, et qu'il me faut une parade pour tenter de sortir de moi, cloître où le goût du monde finit par périr. Car je dois bien imaginer quelques amis à mon écoute, comme ces vieux visiteurs de prison catholiques qui, du haut de leur charité, posent leurs mains aimantes sur les épaules du vice. J'écris pour *vous*, personnes qui n'êtes personne, jetant ces quelques pages que le hasard jugera bon, ou non, d'emporter jusque devant les yeux d'un autre.

Écrire pour guérir de soi, n'est-ce pas l'acte égoïste suprême ? Peut-être, mais il y a plus de stratégie à s'ouvrir devant l'autre, avoir à disposition son regard, sa voix, son émotion, bref : son arsenal humain, convoquant forcément la compassion. Rien de cela ne bénéficie à l'écriture, séquestrant l'empathie dans le silence de la lecture. La vérité d'un passé s'approche mieux avec ces petites traces d'encre morte qui singent la vie, offertes dans l'intervalle de la parole absente. Et puis, on choisit son interlocuteur, pas son lecteur. Comme un juge, ou un juré d'assises, la loterie des circonstances décide de l'humeur avec laquelle vous serez traité. Je n'attends d'ailleurs aucun jugement, qui serait du reste prononcé par contumace : nous avons tous, un jour, eu besoin d'écrire quelque chose sans l'envoyer. Je réclame le droit à cet écart. Le droit à la parole sans revendiquer celui de l'écoute, ni même du pardon.

II

Je ne me rappelle plus bien quand j'ai compris. Les choses se distendent dans mon esprit. Cela a peut-être commencé avec l'Irak. J'avais vingt-quatre ans. Quelques mois plus tôt, Patrice m'envoyait en mission après des mois de placard. Ce chef me méprisait – du moins le sentais-je à ses regards fuyants et ses phrases écourtées –, me cantonnant à des relectures d'articles, des brèves et des conférences de presse. Je gardais patience, me promettant de réussir *ici*, au *Figaro*. Je puisais dans la sève de cette amertume pour écrire un premier roman, *Le Petit Chef*, qui parut fin 1984. C'était un livre court, écrit sur l'encouragement de Claire, que je rencontrai au Monoprix de ma rue où elle travaillait pour payer ses études de lettres. Elle vint habiter chez moi peu avant mon départ en Irak. Jusque-là, je n'entretenais qu'un rapport lointain avec les livres. D'ailleurs, je ne lisais pas : je bouquinais seulement. Ma carrière littéraire débuta sur la conjonction de deux hasards. Car la haine pour ce chef n'aurait pas suffi, il fallut encore l'adjuvant de la rencontre avec Claire, c'est-à-dire l'envie de l'impressionner.

Tout était parti de quelques pages écrites un soir sur un ton de pamphlet, pour l'amuser. Cette charge psycho-humoristique l'ébahit tellement que son enthousiasme m'obligea à poursuivre. L'excès avait vocation à me flatter : sa connaissance intime de la littérature ne pouvait l'aveugler à ce point. Claire avait reconnu ce petit talent que je m'accorde, conféré aux auteurs écrivant en journalistes ou aux journalistes se prenant pour des auteurs. Par talent, j'entends ces populismes d'œuvres faciles tels que le sens de la formule, l'efficacité narrative, la paresse syntaxique. Ne pas décevoir Claire et continuer à la faire rire avaient constitué deux moteurs légitimes pour achever un livre. J'achevai en deux mois *Le Petit Chef* ; un collègue du service littéraire m'aida à le placer chez Fasquelle, où il connaissait un éditeur. Patrice l'avait peut-être lu, je ne sais pas – du moins en avait-il été assez vexé pour ne jamais m'en parler.

Tu pars, m'avait-il dit un jour, après la réunion du matin. Tu pars : j'étais censé savoir où. Il y avait quelque chose de hargneux dans cette phrase prononcée en serrant les dents, et m'obligeant à une relance le plaçant en position de supériorité. Il savait qu'il me ferait plaisir ; son plaisir à lui était de retirer cette joie, de l'étouffer. Il réussit, en quelque sorte. Lorsqu'il précisa que le secrétariat m'apporterait les billets pour Bagdad, je pris l'air blasé de celui qui a l'habitude de l'étranger. Patrice était enfin forcé de m'utiliser. J'avais fait preuve d'abnégation, et les grands reporters du service étaient accaparés par les événements de cette année 1985. Il y avait l'invasion d'Afghanistan depuis six ans, la chute de la dictature militaire au Brésil et en Uruguay, la réélection de Reagan, la guerre civile au Liban, le conflit en Palestine, l'interminable grève des mineurs britanniques et les attentats en Irlande.

Je partais enfin. Mais on n'est jamais à la hauteur d'un récit. Je devrais vous dire que j'étais envoyé dans un pays en guerre en tant que grand reporter, que ce statut immense me situait dans la lignée des gloires du métier. Je devrais vous raconter que, durant les mois sur place, j'ai chroniqué des combats, documenté des malheurs, aidé secrètement des humanitaires. Oui, je pourrais raconter les *événements*. Il y a, entre eux, la réalité des jours : l'article bâclé parce qu'il faisait 42 °C, l'embouteillage – ils sont nombreux, à Bagdad – gâchant une soirée, les heures de procrastination, la gueule de bois qui vous démolit jusqu'à l'après-midi. Et puis la peur. J'avais peur. Peur de rater, peur du danger ; peur de mourir, bêtement. Je me souviens de cette acidité me prenant dans l'avion en pleine nuit, au-dessus de la Syrie. Nous commencions alors à apercevoir, parsemées dans le grand noir du désert, les flammes des puits de pétrole. Ce furent ensuite les lumières à perte de vue : Bagdad.

Une mythologie m'éclaboussa la figure. Le constat est triste, mais ce sont les clichés qui colorent un exotisme. Abbassides, Mésopotamie, *Mille et Une Nuits* : une colonie d'évidences transforma la descente de l'avion en seuil vertigineux, comme si Haroun al-Rachid pût se trouver sur le tarmac. Je n'y trouvai, évidemment, que des engins modernes. Ils n'enlevèrent rien à la magie du premier pas. L'air chaud de la nuit, les inscriptions en arabe, ma localisation inédite dans ma mappemonde mentale, tout cet envahissement sensoriel eut lieu sur le goudron, dès le bas de la rampe siglée Iraqi Airways. L'enchantement se dissipa quelques minutes plus tard, dans le taxi d'où je voyais défiler la longue route passant des faubourgs de l'ouest à la rive du Tigre. Je rejoignis Al-Mansour, hôtel luxueux pourtant sis dans un affreux immeuble jaunâtre, auquel la géométrie stricte donnait plutôt l'allure d'une administration soviétique.

La peur reprit. Elle ne me quittait pas. Le lendemain, revenu dans ma chambre après un fastueux petit déjeuner, je languissais en observant le panorama quand une diarrhée me conduisit plusieurs fois aux toilettes. Ce n'était pas une tourista, juste une diarrhée d'angoisse me ruinant le ventre. Depuis ma chambre du septième étage, la ville s'étendait jusqu'à l'horizon. M'en parvenait le bruit du trafic et des klaxons. Au-dessus, il y avait le ciel habituel de ces métropoles, ciel indistinct voilé par la pollution, le sable, d'où arrivait parfois le pire. Je faisais face au Levant, c'est-à-dire à l'Iran. De là risquait de venir un missile, ou tout autre instrument destiné à tuer surgi d'entre les nuages.

Je me tenais pour la première fois de ma vie à un endroit où la mort pouvait me tomber dessus. Cela me procurait une sensation bizarre. Ne pensez pas que j'ignore le ridicule d'une telle confession venant d'un reporter de guerre. Je la mesure, au contraire, tant la probabilité infime d'un tel événement amenuisait le risque encouru depuis le balcon de ma chambre. Mourir bombardé, peut-être comprendrez-vous ce que remue une telle invraisemblance pour qui est né au temps de la paix et de la sécurité. Un cancer, un accident de la route sont les seules improbabilités que nous tolérions – *mourir*, mais plus *être tué*. Je méprisais cette allergie métaphysique au risque, maladie congénitale petite-bourgeoise. (Je dois admettre qu'écrire *petit-bourgeois* plutôt que *bourgeois* relève de la stratégie rhétorique, d'une envie d'appuyer sur la médiocrité. Qu'est-ce qui différencie le bourgeois du petit-bourgeois, si ce n'est un niveau d'aisance plus rudimentaire chez ce dernier, pourtant mû par un désir existentiel consistant à s'approprier les penchants pour la tranquillité, l'ordre et l'autorité du premier ?)

La trajectoire qui m'avait conduit au journalisme s'expliquait par la haine envers cet idéal de cadastre, dont l'envers était un goût pour l'intensité – je n'ose pas dire le tragique. Ce parcours fut toutefois inattendu. Je n'avais jamais imaginé exercer un tel métier avant les études. Je les entamai en sociologie à la fac de Créteil, après un service militaire d'un ennui mortel, que je passai dans un bureau du ministère des Anciens Combattants. Je découvris la profession grâce à une option d'écriture journalistique proposée durant la première année de licence. Elle était dispensée par Boris, grand reporter à *France-Soir*. Il passait l'essentiel des cours à nous raconter sa vie, de sorte que je n'avais presque rien appris, mais que sa vocation me tomba dessus comme dans un tableau chrétien : annoncée par un ange avec une trompette.

Sa passion pour le métier, davantage celle de se raconter, nous amena à nous lier autour de verres où il poursuivait ses récits enchanteurs et me proposa un jour, voyant mon envie naître, un stage pour découvrir son quotidien. Ma motivation extrême poussa un chef de *France-Soir* à me confier la rédaction de brèves ; celles-ci se transformèrent en piges, que je poursuivis au *Quotidien de Paris* jusqu'à ce qu'un autre chef m'appréciant là-bas m'appuyât pour l'obtention d'un poste qui s'ouvrait au *Figaro*. Je rejoignis le service étranger comme secrétaire de rédaction, c'est-à-dire relecteur-typographe – j'abandonnai ainsi l'université avant de terminer la licence.

Servi par mon bagage littéraire, je suggérais des corrections appréciées ; j'arrivais tôt, restais tard. Les mois passant, on me donna un statut hybride, mi-correcteur mi-journaliste, m'envoyant non pas dans des pays exotiques, mais au Quai d'Orsay ou à l'Élysée pour des conférences de presse, exercice protocolaire qui avait depuis longtemps lassé mes collègues, et dont je tirais un éblouissement frivole. Jean-Christophe, le chef qui précéda Patrice, me fit de plus en plus confiance. Sentant qu'il éprouvait une affection particulière pour moi, je savais que mon heure viendrait. L'occasion finit par se présenter. Dans les derniers jours de décembre 1983, des émeutes suivirent la décision du gouvernement tunisien d'augmenter le prix du pain et des céréales à la demande du FMI.

Ces protestations arrivaient à un moment désagréable pour les journalistes du service. Certains étaient en vacances, d'autres avaient un réveillon du 31 déjà fixé. Je passai une poignée de jours en Tunisie, tirant plusieurs reportages de la capitale, Kairouan et Sidi Bou Saïd. Malheureusement, Jean-Christophe quitta le service pour monter dans la rédaction en chef. Patrice, personnage hautain que je voyais peu car il était affecté à Washington, prit sa suite. Tant pis si ma présence à Bagdad ne devait rien à son estime (mon entrée par une porte dérobée, donc vulgaire, déplaisait à ce fétichiste de Sciences Po), mais à l'afflux des événements à travers le monde : j'évoluais enfin dans ces parties du globe où il se passe quelque chose, où l'histoire ne s'était pas achevée par l'accession de tous à la propriété.

*

J'y étais, et j'avais peur. En 1985, sans ordinateur ni portable, le nombre de kilomètres valait autant de ruptures avec chez soi. Je me savais pourtant en sécurité relative. Je n'étais ni dans les montagnes afghanes comme Hervé, couvrant une insurrection sous le feu des Soviétiques, ni dans Beyrouth livrée aux milices. J'étais à Bagdad, ville à l'époque ouverte, agréable même, dans une chambre douillette d'un hôtel conçu pour les gens comme moi. Catherine, restée plusieurs mois en Irak l'année précédente, m'avait donné une liste de contacts sur place. Les noms suivis d'un dièse pouvaient être des sources de confiance.

J'en rencontrai certaines. Je pris aussi un *chaï* avec le correspondant local de l'AFP, Jérôme. Une sympathie immédiate nous lia, et je ne tardai pas à habiter chez lui, rue Al-Rasheed, première voie illuminée de Bagdad en 1917, si agréable avec ses colonnes et ses balcons ombrageant les trottoirs.

Je signai un premier article trois jours après mon arrivée. Il portait sur l'explosion du siège de la banque Rafidain, la première touchée par la nouvelle vague d'attaques bientôt appelée « guerre des villes ». La destruction de cette banque gênait particulièrement le pouvoir. Le centre de la capitale touchée, c'était le gage de Saddam Hussein sur l'invulnérabilité de Bagdad qui s'effondrait. Les autorités irakiennes prétextaient des attentats pour camoufler ces attaques provenant de missiles sol-sol envoyés depuis l'Iran. Les semaines suivantes, d'autres tirs atteignirent le centre de Bagdad. L'un d'eux frappa à moins de deux kilomètres de chez Jérôme. La détonation secoua tout le quartier, nous réveillant à 4 h 30.

À l'effroi d'une mort tombée tout près s'ajoutaient la surprise et l'engourdissement du sommeil. Cette tachycardie vertigineuse m'échappe un peu aujourd'hui. L'épaisseur du temps a œuvré. Seule demeure l'impression d'un grand trou, d'une béance, cette sensation que plus rien ne retenait mon corps dans sa terreur viscérale face à l'anéantissement. Il me fallut plusieurs heures pour reprendre possession de moi-même, canaliser la panique. Je tentai de masquer cet effarement à Jérôme, qui eut la politesse de l'ignorer. Lui était un habitué de ces endroits où la vie s'abrège pour un détail. Un peu plus âgé que moi (il avait trente-deux ans), sa première expérience remontait à 1982, lorsqu'il avait été l'un des seuls journalistes occidentaux à documenter le massacre commis par le pouvoir syrien contre les habitants de la ville de Hama, bombardés, torturés et fusillés en représailles à une insurrection islamiste. Pour me rassurer, j'attribuai ce premier choc à la surprise de la nouveauté. Ce gilet de sauvetage mental fonctionna pour contenir ma peur. Je découvris peu de temps après la véritable horreur de ces situations : la mutilation et la mort.

Le missile frappa le théâtre national en pleine répétition, un vendredi, à l'heure de la prière. Avec Jérôme, nous nous promenions alors au parc Abu Nuwas, sur le bord du Tigre. Détonation, hurlements, sirènes : nous nous précipitâmes vers la Saadoun Street. Trois cents mètres plus loin, nous vîmes le toit du théâtre trépané. En bon agencier de l'AFP, Jérôme avait toujours de quoi travailler dans son sac. Il sortit son dictaphone, me donna quelques feuilles de son carnet. Nous commençâmes à interroger des témoins devant le théâtre. Des militaires s'y pressaient ; par chance, le colonel Al-Hamdani passa devant nous. Ce jeune officier faisait partie des contacts de Catherine et notre rencontre, un mois plus tôt, avait été chaleureuse. Jeune et brillant, il avait la chance de venir de la province de Tikrit, fief du président Hussein, ce qui facilitait son ascension. Hassan nous aperçut et, d'un geste de la main, nous invita à le suivre.

À l'intérieur, le toit pulvérisé ouvrait la scène au jour. Une poignée de comédiens s'y trouvait quand le missile s'était abattu sur eux. En entrant dans la grande salle, mon pied se posa à côté d'une main. Celle-ci préludait à la suite qui, longtemps, hanta mes pensées. Je ne sais quelle chimie secrète permet à ces images de disparaître, puis de resurgir dans un moment de quiétude, pour vous rappeler qu'il s'est un jour passé *ça*.

Ça, c'était la longue saucisse d'intestin grêle posée comme une gerbe sur le sein d'une jeune femme ; c'était l'os frontal nu du professeur laissant apparaître des viscosités – un lobe ou le cervelet ; c'était la piscine rouge et l'odeur infecte de la violence extrême.

Je ne suis jamais parvenu à tracer clairement la frontière de la cassure qui, ce jour-là, s'est faite en moi. Peut-être l'unité violée du corps demeure intolérable pour les tréfonds de notre conscience. Je ne connais aucune âme restée intacte après de longues expériences de guerre. Certains deviennent cyniques, d'autres gagnent en humanisme. Dans quel camp suis-je, vous demandez-vous ? Ni dans l'un ni dans l'autre, me semble-t-il. Je ne suis pas assez resté en Irak. Ce n'est pas une question de temps, rétorquerait-on. On n'aurait pas tort : une seule vision de déformation, une seule métamorphose de l'être en bouillie suffit parfois à déchirer le rideau qui sépare la civilisation de la vivisection.

Il y eut certes l'ébranlement mental face à cette scène, dont les images me revinrent si longtemps. Mais je n'éprouvais pas de désespoir psychologique car je ne découvrais pas le mal. Il se confirmait seulement. J'avais, sans l'avoir expérimenté, l'intuition de sa profondeur. Jamais je n'aurais été ce riverain s'émouvant devant les caméras de la normalité d'un voisin qui vient de découper sa compagne en commençant par les organes génitaux. Ce voisin existe ; c'est moi, Maman, Jérôme. Qu'on vienne m'informer d'une atrocité commise par mon voisin de palier, j'y verrai simplement l'effet de cette morsure silencieuse qui, au fond de chacun, laisse une ordure suinter. Un événement, un malheur, une humeur – le reste appartient au hasard des jours.

Je me laisse abuser. La colère, toujours. Cette ordure, je ne suis pas bien sûr qu'elle soit en moi comme en tous. Précisons : je comprends le mal parce que je sais où il loge. Je me suis seulement fait alchimiste. Plaquez d'or la boue du mal et vous aurez la colère, locomotive ambiguë à la puissance instable. L'icône de cette opération m'est apparue bien plus tard, dans lcs années 2000. Je passais un week-end entre amis dans une maison à Wissant, dans le Pas-de-Calais. Le dimanche, demeuré seul avec l'hôte en attendant mon train du lendemain, nous restâmes à discuter dans la véranda. La position de la maison, en hauteur sur la falaise, donnait l'impression de voler au-dessus de la Manche. La discussion s'éternisa jusqu'à s'échouer dans la pénombre. Cette femme proposa de me tirer les cartes. J'acceptai. Le tirage me donna comme personnalité la septième lame, celle du chariot. Carte du faux triomphe, puisque les chevaux dissymétriques et sauvages ne sont domptés qu'un temps, la pompe de ce char ne tient que sur un instinct jamais entièrement maîtrisé. Les deux bêtes, harnachées ensemble mais aux courses divergentes, résument l'énergie noire et l'énergie blanche qui m'écartèlent : tantôt rage, furie, hargne, violence ; tantôt compassion, bonté. Car la colère est réversible, pouvant être dirigée vers l'autre si l'injustice le frappe.

Cette loyauté s'exprimait d'ailleurs à Bagdad, où je renonçai à plusieurs exclusivités que je laissai à Jérôme, par écœurement pour le sort que lui réservait le directeur du bureau du Moyen-Orient, basé à Nicosie, le surchargeant de travail et ne respectant pas ses repos. Pour le reste, le tirage me donnait quelques indications qui m'échappent aujourd'hui. Je ne suis donc certain de rien, et il serait prétentieux de diviser le monde en catégories hermétiques quand, moi-même, je doute d'appartenir à l'une d'elles. La passion de classer les autres n'est que la présomption d'échapper à sa propre taxinomie.

*

Ma relation avec le colonel Al-Hamdani se mua vite en amitié. Il m'invita à plusieurs reprises chez lui, en particulier pour des repas de fête, le vendredi – bien qu'il n'osât me faire venir à Tikrit, de peur que cela ne nourrisse une accusation de compromission si les choses venaient à mal tourner. Hassan, sunnite fervent, m'informait des arcanes du jeu politique complexe du pays, des manigances d'officiers dans l'armée, des opérations en cours. Je ne sais quelle raison profonde le poussait à prendre un tel risque. Je pense que le ressentiment envers la dictature de

Saddam Hussein, dont il profitait pourtant en venant de Tikrit, surpassait à présent sa haine des Iraniens.

L'entêtement pathologique du président à poursuivre cette guerre, au prix de tant de vies – trois cent mille, dit-on – et pour un bénéfice obscur, le poussait par un patriotisme inversé à souhaiter qu'une mauvaise publicité internationale finît par déstabiliser le régime, ce qui le pousserait à la prudence. Avec Hassan, nous évitions les lieux publics. Nous nous rencontrions souvent chez sa sœur, qui vivait dans un quartier de Bagdad plus populaire, donc moins surveillé. Elle habitait l'un de ces bâtiments construits par le pouvoir pour ses citoyens préférés issus de Tikrit, des régions sunnites ou des entourages de militaires. Édifiés par grappes dans les faubourgs, ces immeubles répétaient une utopie qui m'était familière, amorçant un devenir-Thiais du monde qui m'accablait d'avance.

Je tirai de nos échanges des informations exclusives justifiant plusieurs unes du *Figaro*, qui me valurent une solide réputation au sein du service. J'en réservai jusqu'au tiers à Jérôme. Les dépêches qu'il écrivait furent reprises dans de nombreux journaux français et la presse étrangère. C'était le baromètre de son succès, donc de son immunité. Mon rêve était ailleurs que dans ces papiers bien informés : je convoitais une interview avec Saddam Hussein. Son service de presse, peut-être irrité par ma couverture des revers subis par l'armée, me restait inaccessible. Il me fallut plusieurs semaines pour convaincre Hassan. Ce dernier me permit, grâce à un intermédiaire dont j'ignorais la réelle identité, de croiser un matin le président après une revue de ses troupes.

Le statut de cet homme, la difficulté d'obtenir cette si maigre entrevue et la pression de la convertir en promesse d'entretien me firent perdre mes moyens. De ces quelques minutes, je me rappelle surtout ma fébrilité et la honte qu'elle m'ait rendu si flagorneur envers ce Caligula arabe. Rien, hormis la frousse, ne m'aurait d'ailleurs empêché d'utiliser ces instants pour lui crever les yeux, venger ses milliers de victimes innocentes. Mais non, je fus déférent comme tous ceux qu'il croisait, et qui avaient aussi remarqué ses cheveux et sa moustache impeccablement teints. Cette servilité, il la récompensa par une amabilité délicieuse, me promettant un entretien dans le mois.

Je reçus, trois semaines plus tard, une invitation inattendue. On me proposait de me joindre à un convoi pour une visite officielle dans le gouvernorat de Babylone. J'appelai la présidence. On m'assura que j'aurais un échange avec lui. Là-bas, je fus en fait trimbalé sur les lieux du projet *Revival of Babylon*. Des millions de dollars serviraient à reconstruire la cité antique. L'opération, nécessitant de détruire un village, visait surtout à édifier un palais d'été démesuré. Saddam Hussein y ferait exécuter des sculptures mêlant son profil à celui de Nabuchodonosor. Je fus placé dans l'une des berlines officielles suivant celle du *raïs*, avec le petit drapeau rouge-blanc-noir aux trois étoiles vertes flottant sur le côté du capot.

La centaine de kilomètres nous prit moins d'une heure. Notre route ouverte par l'armée écartait les bouchons tel Moïse l'eau de la mer Rouge. Là-bas, je me retrouvai parqué dans le carré des officiels, réduit à suivre au millimètre chaque pas présidentiel. De tout l'après-midi, je ne pus m'extraire qu'une fois de cet extravagant cortège de généraux, de chefs de tribus et de diplomates – il me semblait que j'étais le seul journaliste. À un moment, un conseiller m'appela d'un geste. Il m'invitait à rejoindre le président sur sa balustrade. Sortant fébrilement mon dictaphone, je hâtai le pas vers lui. Saddam Hussein, de dos, ne bougea pas. Ce ne fut qu'à la seconde où je parvins à son niveau qu'il me salua. Il ne tourna pas la tête, ni même ses yeux masqués par des lunettes de soleil, aimanté par le panorama ordinaire qui nous faisait face et semblait l'hypnotiser. Déployant son bras avec l'air d'un guide pointant des sommets grandioses, il se mit à vanter la somptuosité des réalisations à venir. Elles devaient montrer que l'Irak héritait de la Mésopotamie, comme l'Égypte avait ses pharaons.

Il n'y eut, bien sûr, aucun entretien. Non que Saddam Hussein m'empêchât formellement de l'interroger, mais l'art de ces aristocrates d'État est de proscrire sans interdire. Je tentai bien une ou deux questions. Sa réponse volontairement insipide et le petit agacement qu'il y ajoutait savaient passer l'envie de faire dérailler cette journée célébrant la majesté de son règne. L'invitation avait pour seule vocation de me rappeler dans quel pays j'avais mis les pieds, qui le dirigeait et, par déduction, mon insignifiance. Un dirigeant de ce rang peut construire des prisons secrètes où se pratiquent les pires tortures et manipuler les perfidies les plus civilisées : je dois avouer qu'une telle polyvalence me fascine. L'aparté se termina ainsi. Je fus congédié par le même doigt qui m'avait appelé. Il abrégeait cette entrevue insensée, comme l'était l'immersion avec cet escadron venant flatter les folies d'un homme, paradant à quelques kilomètres de la jeunesse qu'il envoyait au massacre.

*

L'Irak souffrait. Grâce aux informations d'Hassan, nous documentions la panique saisissant le pouvoir. Cette « guerre des villes » le déstabilisait : pour la première fois, l'Iran avait ciblé avec ses missiles une capitale réputée inviolable. Le pouvoir nia d'abord que ces attaques pussent venir de telles armes. La vérité apparut vite. D'abord parce qu'à Téhéran des sources se firent un plaisir de se vanter de la possession d'un tel arsenal, et parce que la multiplication des frappes rendait l'hypothèse d'attentats isolés de moins en moins crédible. Grâce aux informations d'Hassan, mais pas seulement (il eût été dangereux, pour tous les deux, de n'avoir qu'une seule source), nous reconstituâmes le chemin de ces secrets d'État. Nous apprîmes qu'il s'agissait de Scud-B livrés par la Libye de Mouammar Kadhafi ; vingt-six de ces missiles soviétiques et six lanceurs furent livrés à l'Iran.

Atroce, cette guerre s'étendait partout sur la façade orientale du pays. Quelques mois plus tôt, l'Irak reprenait les îles Majnoun, dans le sud, grâce à des armes chimiques ; l'Iran répondit par ces frappes dans les villes ; puis l'Irak par de nouveaux bombardements. À l'extérieur, les différentes puissances – États-Unis, France, Arabie saoudite – tentaient de mettre fin au conflit. La plupart soutenaient Saddam Hussein. En juin 1985, l'Arabie saoudite augmenta brutalement sa production de brut : ce contre-choc pétrolier visait à étrangler l'Iran en inondant le marché pour faire chuter les prix. Le nouveau régime issu de la révolution islamique de 1979 tenait bon et, durant tout l'été 1985, lança la série d'opérations Al-Qods, nom qui signifie Jérusalem.

J'étais à Bagdad depuis trois mois. Les journées torrides de juin arrivèrent, celles où le soleil s'abat sur vous comme un bloc de métal sorti d'une forge. La température dépassait les 45 °C. La peur ne me reprenait plus qu'occasionnellement, souvent au réveil. Le sommeil se dissipant, ma conscience retrouvait sa situation terrestre en se souvenant de la distance, du danger, de la pression d'être à la hauteur. Mon ventre s'engourdissait d'un coup. Très vite, je filais aux toilettes sous peine de catastrophe. Jérôme le remarqua, ce qui devint une plaisanterie. Je ne le voyais pas toujours, car il aimait se rendre tôt au bureau de l'AFP.

Seul dans l'appartement, je petit-déjeunais sur le grand balcon. La vue dégagée me permettait de voir jusqu'au Tigre. La peur vaincue, l'excès me prenait : je multipliais les cafés, finissais par allumer la cigarette pécheresse du lever, celle qui viole le poumon reposé. Cette consommation de tabac tenait d'ailleurs de la bizarrerie. Je fumais peu à Paris, l'idée d'une dépendance à ce produit mortel me rebutait. D'où venait cette nouvelle habitude ? Le mimétisme, sûrement, le tabac étant ici l'équivalent d'un chewing-gum. Cette cigarette à jeun me rendait frénétique, entre la surexcitation et le malaise.

La chaleur martelait déjà mon crâne, que le tabac et la caféine enflammaient de l'intérieur. Je stagnais dans le salon, un peu anesthésié par le vrombissement des grandes pales du ventilateur au plafond. Elles agitaient à peine un air dont l'immobilité était à rendre fou. Ces températures à crever, les Occidentaux y échappaient dans les grands hôtels de Bagdad, seuls édifices climatisés de la ville avec les palais officiels. Beaucoup de reporters rechignaient, pour cette raison, à résider dans des appartements privés. Des bunkers du confort se formaient, poussant l'opulence jusqu'à ponctionner l'électricité – servie en continu – à une population qui en était privée plusieurs heures par jour. Même dans le centre de Bagdad, notre appartement subissait ces coupures, nous laissant à notre vulnérabilité thermique.

Je reçus l'appel de Patrice, mon chef, au cœur d'un de ces matins assommés. J'utilisais le téléphone de Jérôme pour dicter mes reportages à la rédaction de Paris et appeler des proches. Ce n'était guère prudent, pensez-vous, puisque les services irakiens pouvaient nous écouter. Jérôme louait cet appartement sous un autre nom, tandis que le grand nombre de journalistes présents sur place et l'intensité de la guerre suffisaient à surcharger les renseignements. Malgré cette réalité, nous n'ignorions pas les liens étroits entre la France et l'Irak. La neutralité lors de la guerre des Six-Jours, en 1967, valut à la France une popularité aussitôt convertie en influence : dès l'année suivante, le président de Gaulle reçut Abdul Rahman Aref, président de l'Irak et lui aussi général, pour lui proposer une coopération.

Dès cette rencontre, des automitrailleuses et des camions militaires furent vendus. En 1972, un accord permit l'achat d'hydrocarbures à prix avantageux par la Compagnie française des pétroles ; des hélicoptères, des obus, des mortiers furent livrés. Puis, lorsque Jacques Chirac devint Premier ministre, la collaboration se renforça avec la conclusion d'un accord pour fournir un réacteur nucléaire à l'Irak. Les armements les plus sensibles furent alors exportés, et Bouygues fabriquait des aérodromes et des souterrains pour l'armée. La Direction des constructions navales s'imaginait même lui céder une flotte entière.

L'Irak était l'un de ces endroits du globe où confluait toute une société occulte – espions, émissaires, businessmen, journalistes, diplomates – tirant les fils secrets et honteux du monde officiel, c'est-à-dire occidental. Avec une telle compénétration d'intérêts, la réputation de l'Irak en France constituait un enjeu de premier plan. À Bagdad, on n'ignorait pas la réticence des élites françaises à l'idée de fournir un tel arsenal, bien que la pression des vendeurs d'armes les y poussât. Nous évitions donc, au téléphone, tout propos qui pourrait compromettre une source, en particulier Hassan – la moindre trahison lui coûterait la vie.

Pour le reste, j'ignore si j'ai été utilisé par les services secrets. Un personnel d'ambassade n'est jamais très clair, surtout par temps de guerre. L'argument de notre sécurité servait bien entendu à nous questionner sur qui nous allions rencontrer, nos déplacements, nos sources, d'autant que ces échanges avec des attachés de défense, des conseillers, l'ambassadeur même, prenaient toujours un tour informel, à mi-chemin entre l'information et la camaraderie. Partager un pays relie. Les intérêts aussi : j'avais besoin de leurs renseignements pour nourrir mes papiers. Ils le savaient.

J'appliquais donc la recommandation de Catherine, ma consœur du *Figaro*. Elle m'avait adressé une lettre pleine de conseils amicaux. Je ne la découvris qu'une semaine après mon arrivée, perdue au milieu du gigantesque dossier d'archives que le service de documentation du journal m'avait préparé. Elle m'avait écrit une flopée de maximes si pittoresques que j'ai conservé cette lettre avec le soin accordé à une enluminure. L'un de ces adages me servit deux fois, à chaque fois que je fus suivi dans les rues de Bagdad. Pour ces dangers flous, Catherine m'invitait à ne jamais me retourner et surtout, surtout (elle avait écrit le mot deux fois) garder un visage indifférent.

Quant aux renseignements, voici ce qu'elle m'avait écrit : « On se méfie des taiseux. Parle beaucoup en sachant ne rien dire. » C'est exactement ce que je fis durant ces mois de relations équivoques. Je développai une expertise pour les informations sans enjeu, les anecdotes impressionnistes, parvenant à une maîtrise honorable de cet art que j'exerçais sur les plus brillants esprits du Quai d'Orsay. (Ce public d'élite supposait que je lâche de temps en temps une indication de valeur.) Un tel méli-mélo d'hypocrisies mutuelles interdisait toute certitude : je considérais par défaut que mes propos étaient répétés jusqu'à Paris.

Patrice me téléphona, donc. Je devinai à ses félicitations qu'il entendait m'annoncer quelque chose. À Bagdad depuis près de quatre mois, je voulais rentrer en France. Une langueur m'abattait et la guerre des villes touchait à sa fin, c'était du moins ce que laissaient penser les récents signaux militaires et diplomatiques. La voix de Patrice devint de plus en plus fluette, presque mielleuse, à mesure qu'il me parlait. C'était pour me demander de rester encore un peu. Le pays m'était devenu familier, mes contacts pourraient m'aider à suivre des unités d'élite irakiennes, etc. J'acceptai sans avoir le choix.

Cette nouvelle mission m'écœurait. Je m'obligeais quand même à sortir, rencontrer, grappiller des indications sur les plans de l'état-major en vue des prochains assauts. Mais tout m'était devenu étranger, absurde, l'existence des autres lointaine. Pris d'acédie comme les vieux moines : que fichais-je parmi ces gens autour de moi ? Être journaliste, c'est prétendre que tous les problèmes de l'univers vous concernent – l'avortement clandestin sur les hauts plateaux du Pérou, la deuxième division de football japonaise, le sort des ouvriers agricoles du Limousin, jusqu'aux découvertes de planètes où personne n'ira. C'est faux, j'étais là pour moi.

À présent j'errais parmi ces étrangers ; dégoûté par ces marchés où des enfants battaient les mouches sur du poisson avarié avec des fouets en plastique, où pourrissaient des œufs périmés dont la Turquie ne voulait plus ; lassé des journées abrégées par des crépuscules en plein après-midi, asphyxié par les hurlements de sirènes, nos plèvres pourries par l'air toxique, cette langue qui me restait incompréhensible, les portraits géants de Saddam dans chaque avenue, l'ombre grotesque des palmiers, les yeux crevés des vétérans, leurs mains coupées ; les fœtus de béton avortés par la guerre, cousins mort-nés des immeubles de Thiais.

Thiais dont j'avais des nouvelles par Anne. Elle prit l'initiative de m'écrire chaque semaine, transmettant ses lettres à la rédaction qui se chargeait de me les envoyer. Papa et Maman les complétaient d'une anecdote, d'une pensée. Être chez soi : bien suprême, qui réclame une expérience ombilicale. Je ne suis pas certain que tout le monde soit ainsi. Jérôme, lui, semblait étranger à tout mal du pays. Je lui cachai donc ce sentiment, camouflé par le prestige de notre mission sur place.

Feindre cette normalité, lorsque nous passions des moments ensemble ou rejoignions d'autres expatriés pour des soirées qui tournaient à la beuverie, n'avait pas l'air de coûter autant à Jérôme. D'un naturel paisible, il n'était pas ici pour régler des comptes, répondant plutôt à une sorte d'évidence familiale. Ses deux parents, diplomates, volaient d'ambassade en ambassade. Enfant, il avait vécu à Stockholm,

Reykjavik, Caracas, Phnom Penh. Thiais : on n'en part jamais vraiment. Resterait toujours cette amarre figée sur sa laideur, son ennui, sa fuite impossible. Pour Jérôme, vivre à Bagdad n'était pas moins normal qu'être millionnaire pour d'autres. Ces gens ne se disent pas qu'ils ont trop d'argent. Ils ont le leur, c'est tout.

*

Les jours suivants, je quittai Jérôme et Bagdad pour le Kurdistan, au nord. Depuis la fin de la guerre des villes, l'Iran lançait une série d'offensives fondée sur sa tactique favorite : surprendre. La première eut lieu à un endroit stratégique du sud, les îles Majnoun, bordées de champs pétrolifères. C'était la première opération Al-Qods. Une deuxième se déroula plus au nord, entre Bagdad et Kirkouk, à la lisière de la région kurde où je me rendis début juillet. La situation y était complexe. Une partie des Kurdes rompait l'accord de neutralité avec le pouvoir de Bagdad tout en entamant un rapprochement avec l'Iran et en se battant contre une autre faction de leur peuple. Leur objectif principal n'était autre que l'autonomie, voire l'indépendance, mais aucun des deux grands clans, les Barzani d'Erbil et les Talabani de Souleymanieh, ne souhaitait laisser à l'autre la conduite du destin national.

Je pris la route vers le nord – à Kirkouk, d'abord, puis des contacts me permettraient de poursuivre jusqu'au Kurdistan –, assistant au spectacle monotone des cailloux que trompaient, çà et là, les grandes torches de métal au-dessus des champs de pétrole.

La poésie compliquée de ce paysage, que je traversai aux heures plus fraîches du crépuscule, me plongea dans une rêverie dont je garde l'un de ces souvenirs curieux. Ceux, sans éclat ni événement, que la mémoire conserve pour en offrir, parfois, les réminiscences.

Dangereuse, cette ultime mission m'effrayait, et y penser me fit voyager jusqu'à Thiais. Maman devait revenir du salon de coiffure et commencer à préparer le dîner en attendant Papa. Souvent, il rentrait un peu plus tard que prévu en raison d'une panne de RER contre laquelle il ne protestait jamais, l'admettant comme le désagrément acceptable d'une carrière dont il n'avait pas à se plaindre. Que se disait Maman ? Ses pensées débordaient-elles jusqu'à moi ? Mon ventre se serrait à l'idée que mon absence, depuis quatre mois, entérinait un éloignement qui signifiait. Partir de Thiais, partir de vous. Mes parents ne laissèrent paraître aucune acrimonie à ce sujet, m'encourageant au contraire à vivre ma vie, puisque je fais partie de la première génération éduquée selon un objectif de bonheur – cette réalisation passant par un programme théologique : trouver sa voie.

Moi, je voulais être comme ces rois espagnols qui, tel Ferdinand III, tiennent le globe dans leur main. Et ma quête s'ensablait pour l'heure au milieu de ce panorama xérique, dans cette voiture au chauffeur muet, lui aussi dans ses pensées, peut-être peuplées par les deux filles de la photo qui pendait au-dessus du volant, ou un fils sur le front qui n'en reviendrait pas. Je patientai quelques jours à Kirkouk, pressentant une opération imminente de la part des Iraniens. Leur but était vraisemblablement d'avancer vers Souleymanieh, en vue d'infliger des morsures de plus en plus douloureuses à l'Irak. Avant de me rendre sur le front, Patrice me chargeait de couvrir les intrigues entre les deux grandes dynasties kurdes.

Je rejoignis Ahmad à Erbil. Assistant, chauffeur, traducteur, logisticien : il était réputé comme le meilleur fixeur du nord de l'Irak. Je l'avais contacté grâce à Jérôme. Je profitai de ce passage par la capitale régionale pour rencontrer quelques officiels. J'y obtins une entrevue avec un cousin éloigné des Barzani, réputé pour sa connaissance intime des affaires kurdes. Ce sexagénaire habitait à quelques kilomètres d'Erbil, sur les hauteurs de la ville de Shaqlawa.

Je commis chez lui un impair qui menaça toute mon enquête. Mon épuisement pouvait expliquer la maladresse. Ou peut-être fut-ce un acte manqué, car l'orgueil de cet homme suintait partout : dans sa résidence de nouveau riche, les mercenaires à mitraillette gardant son portail et le protocole de chef d'État qu'il imposait à ses visiteurs, invités par un domestique à rejoindre un salon d'apparat où il ne daignait arriver qu'une dizaine de minutes plus tard. Ahmad et moi savions que cette vexation était volontaire, pour sceller un ascendant. Après ce long entracte durant lequel nous n'eûmes d'autre loisir qu'admirer les croûtes alignées sur le mur, peintures édifiantes vantant les exploits guerriers des patriarches de la famille, il arriva vêtu du keffieh, d'un poignard fourré dans l'écharpe ceinturant sa bedaine et d'un chalouar kaki, pantalon bouffant qui complète la tenue traditionnelle kurde.

Cette pièce était configurée en petit Parlement. Il s'assit sur un canapé surélevé, nous invitant à prendre place sur un divan perpendiculaire plus bas. Une femme nous apporta des gâteaux, des cigarettes et du thé. J'adoptai alors la posture du désastre : je croisai les jambes vers la gauche, où il était assis. Il se passa une heure durant laquelle je ne vis rien des gesticulations frénétiques d'Ahmad, ni ne compris pourquoi la bonhomie de l'hôte s'assombrit après quelques minutes. J'avais omis une convention qu'on m'avait pourtant rabâchée : en Irak, et ailleurs en Orient, on n'expose jamais sa semelle à un interlocuteur. Une telle position signifie qu'on le méprise ou, pire, qu'on entend l'écraser. Cette règle, je l'avais toujours appliquée à Bagdad. Une telle offense aurait pu être gommée par sa brièveté, admise par cet homme comme une ignorance d'étranger. Mais sa durée n'admettait aucune excuse. La bienséance lui interdisait de nous congédier, ce qui fit durer un supplice dont je ne pris conscience qu'ensuite. Ici, le châtiment ne se prononce pas. Il se déduit : l'homme ne nous raccompagna pas et, malgré les efforts d'Ahmad, plus aucun Barzani n'accepta de nous recevoir.

Cette mésaventure écourta mon enquête. Je livrai au *Figaro* un papier passable. De toute façon, l'essentiel était sur le front, pas dans ces manigances de palais. Ahmad me conduisit à proximité de Penjwin. Les soldats iraniens étaient déjà postés à ce village de la frontière. Nous roulâmes jusqu'à un hameau, Nalparez.

Ahmad y avait établi un contact. Qui, comment, je l'ignorais, l'argent m'épargnait de le savoir. C'était l'épicier ; il tenait la seule boutique du lieu. Entouré de sommets arides et de roches beiges, le village verdoyait grâce à une petite rivière le traversant, sur les rives de laquelle des peaux de chèvre séchaient. De Nalparez, nous entendions de lourdes détonations dont l'écho se propageait de vallée en vallée. À chaque déflagration, les bouches se taisaient et les yeux cherchaient d'autres yeux où partager un effroi, où lire un espoir.

Bizarrement, je n'éprouvai pas cette anxiété, plutôt une effervescence, le prélude d'une montée d'adrénaline malsaine. Je la touchais enfin, cette épreuve du feu. Elle me coûterait si peu, puisque je ne ferais pas partie de ceux qui tuent ni de ceux qui crèvent. Je serais tout au plus une victime collatérale, martyr de la grande cause de la presse et digne enfant du saint patron Albert Londres. C'est misérable : je sais. Mais comment naviguer dans ce monde où cohabitent l'industrie du coupe-ongles et l'attente ontologique ? Je repensais à mes premières heures effrayées à Bagdad. La victoire sur le froussard hâtait certainement, par une mécanique affective étrange, la vertigineuse désinhibition que je ressentis pour la première fois.

La lecture des récits de guerre m'a confirmé ceci : tout homme confronté à l'épreuve du feu en tire ne serait-ce qu'un minuscule instant où, soudain soustrait à la peur de la mort, ce face-à-face élève sa vie à un niveau d'intensité inimaginable. Le triomphe provisoire sur l'angoisse dope alors sa propre volonté de puissance, l'exalte jusqu'à l'impression d'être devenu

Dieu. Mon imposture, je la comprenais auprès de l'épicier qui nous accueillait, Nozad, et de la bergère que j'accompagnais sur les plateaux pour saisir le panorama. L'angoisse qui les rongeait n'était pas seulement de vivre ou de mourir : c'était celle de mourir dans leur propre vie. Qu'un enfant perdu, une mutilation, une maison détruite, ne vienne briser une existence qu'il faudrait bien finir de vivre.

Trois jours plus tard, les soldats iraniens réussirent une percée vers Souleymanieh. L'offensive devait nécessairement passer par nous, qui étions sur la route de Penjwin. J'avais refusé de couvrir la bataille en suivant les divisions irakiennes – ce qui signifie être *embedded*. Cet usage se pratique depuis la guerre du Golfe, quand les armées ont compris que prendre des journalistes avec elles étaient le meilleur moyen d'orienter un point de vue, puisque ceux-ci allaient suer, souffrir et s'effrayer avec les soldats d'un seul camp. Le terrain, ici, était propice pour se cacher : je donnai une somme d'argent à Leyla, la bergère, pour qu'elle m'accompagne sur les hauteurs. De là, nous pourrions saisir le combat.

Nous empruntâmes la route 46 depuis Nalparez, seule voie qui reliait toutes ces villes, par laquelle passeraient les blindés iraniens. Leyla connaissait chaque recoin de ce mont désolé, où quelques arbustes étaient parvenus à pousser. Nous fîmes l'ascension avant 6 heures. Une fois en haut, la chaleur devint infernale – cela aurait pu être pire avec les huit kilos du gilet pare-balles, que je n'osais enfiler à côté de Leyla qui en était dépourvue. La peur finirait par écraser la honte.

Et j'aurais d'autant plus honte de le porter en apprenant qu'elle n'avait pas trente ans, comme son visage déjà usé le laissait paraître, mais vingt, autrement dit qu'elle était plus jeune que moi. Ahmad, lui, nous attendait à l'abri chez l'épicier après avoir caché le véhicule.

Là-haut, nous avions assez avancé pour nous camper sur les hauteurs de Derbarou. Au loin, on apercevait la division d'infanterie iranienne s'approcher, tandis qu'une colonne irakienne patientait à l'entrée de ce hameau pas plus grand que Nalparez. Quelques snipers s'étaient postés sur les toits. Les premiers tirs eurent lieu. Des ٱللَّٰهُ أَكْبَرُ [1] et des cris à la gloire de l'ayatollah Khomeyni montèrent jusqu'à nous. Peut-être impressionnée, quoi qu'il en soit sous-dimensionnée, l'unité irakienne recula dès les premiers tirs. Plusieurs hommes gisaient au sol et je vis, avec mes jumelles, des soldats iraniens s'arrêter sur l'un d'eux. Ils pointèrent une mitraillette sur son torse, rirent et lui assénèrent des coups de crosse sur le front. Des hurlements nous arrivèrent, transperçant le bloc de chaleur figeant tout, sauf ça. Un chemin discret permettait de descendre vers le village. D'une main tremblante, j'indiquai à Leyla que nous allions l'emprunter. Mon front ruisselait, tout comme mon corps à présent sanglé par le gilet pare-balles et des habits désormais trempés.

Arrivés après une quinzaine de minutes, je m'appuyai contre un arbre pour prendre des notes. De loin, nous parvenaient les vociférations de soldats

1. Dieu est le plus grand.

en débâcle. Au milieu de la route, l'homme qui avait pris les coups de crosse ne bougeait plus, affalé dans la poussière. Sa tempe n'était plus qu'une béance noirâtre, au sang déjà sec. Leyla m'appela en sifflant, me désignant d'un doigt la porte restée ouverte d'une maison. J'ouvris d'un geste prompt, de peur d'hésiter. Une enfant cachée sous la table hurla en nous voyant. Leyla s'avança pour la prendre dans ses bras. Au bout de la pièce, une femme était couchée sur le ventre ; d'entre ses jambes gouttait du sang. En sortant de la maison, un étourdissement m'obligea à m'immobiliser quelques instants, les mains sur les genoux.

Trois kilomètres plus bas, qu'étaient devenus Ahmad et Nozad ? Nous retournâmes à Nalparez par la route. Elle longeait un cours d'eau dans lequel je me rafraîchis. Le village, épargné grâce à l'absence de troupes irakiennes, était désert. Leyla me conduisit à la cache où elle les savait planqués.

Ce bref répit, durant lequel nous avalâmes un reste de mouton, me laissa le temps d'écrire un reportage à toute allure – percée des Iraniens, armée irakienne en déroute, crimes de guerre, scènes de désolation. Par miracle, le système téléphonique me permit de le dicter immédiatement à Paris. Il fallait à présent rouler vers Souleymanieh pour rattraper, mais à distance, la division iranienne. Rester à Nalparez nous exposait aux inévitables renforts qui risquaient d'arriver et nous prendre en tenaille. Ahmad conduisait prudemment, à une trentaine de kilomètres par heure. Nous roulâmes quarante-cinq minutes, passant dans les villages tout juste traversés par les Iraniens. Je me souviens avoir longuement fixé mon regard sur la petite mosquée en plastique accrochée au rétroviseur de sa vieille Renault, le الله أكبر balançant à la cadence des nids-de-poule. Je lui pris une cigarette. Les premières bouffées m'offrirent une joie distante.

Je me voyais vivre et savourer ce moment d'en haut. Cette jubilation naissait de la fréquentation inédite du feu, de la mort si proche. Enfin, enfin je vivais pour quelque chose qui augmentait la réalité. Chaque minute avait la densité du pétrole, et le temps s'écoulait chaudement, comme dans un film. Je venais d'envoyer un reportage au ton sobre. Il n'avait pas l'air de se la jouer, oh non, il économisait les mots pour raconter la cruauté, le viol, le meurtre. Dois-je l'assumer à cette minute où je ressentais l'héroïsme de ma mission : je me prenais à caresser furtivement l'espoir d'un prix prestigieux de reportage de guerre pour couronner ces heures. Et ainsi donner une sorte de validation à ces mois passés ici, scellant le vaste tissu d'ennui, d'attente, de peur avec ce marteau magique qu'était l'éclat de ces minutes à part.

Je ne peux raconter cet espoir d'auréole sans confier la honte d'y repenser. Livrer cette honte me permet d'avouer sa suite. La perspective de gloire finit par inhiber mes derniers restes de crainte. J'éprouvai l'envie malsaine d'un pas nouveau dans l'affrontement avec le mal. Cette témérité était semblable à celle du peureux parvenu à faire face à une agression : le mélange de fierté et d'angoisse surmontée lui donne le désir que le risque se poursuive. De grandes explosions coupèrent ma divagation. Ahmad ralentit encore. Après ce virage, il y a un vallon, ça doit venir de là, balbutia-t-il d'une voix tremblante. Des avions nous survolèrent, sur lesquels on pouvait distinguer l'aigle doré de Saladin, symbole des armoiries irakiennes.

Nous avançâmes jusqu'au virage, trois cents mètres devant nous. Le lacet débouchait sur cette vallée encaissée. La vue était gênée par la fumée s'élevant au-dessus des flammes. Au milieu des détonations nous parvenaient des hurlements. Devant ce chaos, nous comprîmes qu'une ligne irakienne s'était placée à cet endroit stratégique pour stopper l'offensive. Les troupes au sol, dont on distinguait les chars de combat entre les volutes, au loin, bénéficiaient d'un soutien aérien qui condamnait la division iranienne. Deux cents mètres devant nous, une grange apparemment déserte semblait un point d'observation idéal, d'où nous pourrions atteindre la zone une fois le combat achevé. Ahmad opina et se chargea de mettre la voiture sur le bas-côté pendant que je courais vers cette grange avec mon carnet. Je me souviens qu'il n'y avait qu'une poignée de secondes pour atteindre cette construction de briques. Je me rappelle un bourdonnement. Il venait de mon crâne ou du ciel. Puis ce fut un grand trou noir – ou blanc.

III

Des chuchotements m'arrachèrent au grand vide. C'était Papa et Maman, leurs voix me guidaient dans l'engourdissement, car plutôt qu'un grand vide ça ressemblait à un grand plein. Où était ma conscience, quelque part dans ce séjour étrange sous plusieurs mètres de terre, ou de mort, dont je revenais en ligne droite. Hébété, j'ouvris les yeux et les fixai sans bruit. Ils me regardaient aussi, avec l'attention démesurée de la foule scrutant un messie. Tournant la tête, je découvris la longue aiguille d'un cathéter enfoncée dans mon avant-bras, et d'énormes bandages souillés par un sang noirci. Dans un spasme de panique, je remuai mon corps. Ou plus précisément : je lui adressai une commande. La réponse déterminerait le reste de ma vie. Mes membres bougeaient, tous. Je recommençai. Orteils, doigts, articulations : tout réagissait, même faiblement. Maman m'agrippa, enfonçant ses ongles dans mon épaule en pleurant. Elle répéta mon fils, mon fils, tandis que Papa m'enlaça à son tour. J'étais incapable de parler. Une chaleur agréable et triste monta dans mon ventre.

Un infirmier entra dans la chambre. D'un regard entendu, mes parents la quittèrent. Patrice prit leur place. Il tira une chaise, se mit tout près de moi et me fixa sans un mot, d'un œil que je devinai ému. Il me tendit une lettre, raconta : le tir de mortier, Ahmad me portant jusqu'à la voiture, l'unité de soldats irakiens qui m'avait récupéré, l'évacuation vers Bagdad et six jours d'hôpital au Val-de-Grâce. Je compris ma chance sans que Patrice insistât. Chaleureux, il me félicita pour mon travail là-bas et me transmit un message d'amitié de Jérôme. Nous discutâmes une poignée de minutes. Il me donna des nouvelles du service, puis se retira en me saluant avec chaleur, m'enjoignant à revenir au plus vite au journal. Maman et Papa rentrèrent me dire au revoir. Un infirmier m'apporta un dîner et des informations : je pourrais sortir dans deux jours si mon état continuait de s'améliorer. La commotion me vaudrait un tremblement léger. Aujourd'hui encore, elle m'empêche d'écrire proprement sur du papier. Ce serait la seule séquelle du coma. Quant à l'éclat d'obus, il m'avait brûlé les jambes et me laisserait pour toujours la peau imberbe et gondolée à l'endroit des mollets.

L'infirmier me laissa. Fixant les lamelles des persiennes qui projetaient les rayures d'une lumière déclinante, je retrouvais par flashs une poignée de souvenirs. Je tournai la tête et vis l'enveloppe que Patrice m'avait remise ; j'hésitais, tiraillé entre l'excitation de l'ouvrir et l'envie de faire durer ce maigre plaisir. Qui avait pu m'écrire ? Je pensai à Jérôme, mais Patrice m'avait déjà transmis son message. Je déchirai l'enveloppe.

La lettre, d'un anglais hésitant, n'était pas signée. C'était Hassan. Il avait envoyé ses hommes me chercher au poste où Ahmad m'avait conduit, prévenu l'ambassade pour me faire rapatrier. Il me témoignait toute son affection, priait pour qu'Allah veille sur moi.

Je ne pourrais pas répondre – c'était l'exposer à un danger déraisonnable – et il le savait, m'en excusant par avance. Cette gratuité me serra la gorge. À leur tour, Papa et Maman me regardaient. Sans un mot, puisqu'ils étaient partis. Une part d'eux restait dans la chambre et me fixait comme ils avaient, tout à l'heure, posé sur moi des yeux empathiques et distants. Quel goût la peur avait-elle donné à ces derniers jours ? J'imagine qu'ils avaient été prévenus par la rédaction, peut-être par l'ambassade. Je leur infligeais depuis une frayeur vitale, qu'eux n'auraient jamais pu m'imposer – autrement, je veux dire, qu'avec un accident de voiture, seule tragédie de masse dans nos contrées sans guerre. Je n'aurais rien d'autre à leur offrir que ma rémission : j'offrais seulement à mon monde d'aller bien. Je sortirais de l'hôpital avec une brûlure pour trophée, le prestige de ma mission en pourboire, prenant de la place, de l'intérêt, de l'attention.

Une larme, puis deux coulèrent, d'autres encore ; je pleurai. Des larmes chaudes d'enfant, contre tout et contre moi. Contre les choses, en fait, qui ne changeraient pas, car rien ne change jamais vraiment. Ma chambre était à présent dans l'obscurité. La nuit était tombée, parce que la nuit tombe toujours sur le jour qui se lève. J'aimerais bien écrire pour une fois que la nuit s'était levée puisqu'elle recouvrait comme un drap mes lamentations. Mon regard se planta à nouveau sur les persiennes, devinant les lumières de Paris et, là-bas après le périphérique, Thiais, mes parents et leur présence que je m'inventais à cet instant. Ils reviendraient demain – je ne leur dirais rien de plus.

Patrice avait laissé sur la table une pile de *Figaro* où mes reportages avaient paru. J'en ouvris quelques-uns au hasard. Je retombai sur le tout premier, à la banque Rafidain, puis sur une série à Bassorah. Je m'observai avec les yeux d'un lecteur ordinaire reconnaissant un « journaliste de guerre », c'est-à-dire pas moi, mais un faiseur d'éloquences sur des réalités tragiques. La mystification tenait à la façon dont le lecteur se disait « quelle situation atroce ! quel courage d'avoir documenté ça ! », en ignorant la réalité. Il faudrait pouvoir dire, dans un article sérieux, comme celui sur la tuerie du théâtre : « Lecteur, c'est le premier massacre auquel j'ai assisté dans ma vie. Moi aussi, j'ai grandi dans un endroit sans guerre, sans famine, sans épidémie, alors ne crois pas à mes phrases froides et bien tournées : j'étais terrifié par cette scène, je n'en ai pas dormi, des nuits je me réveille avec des images de visages énuclés, de viscères au sol, et je voulais hurler plutôt qu'écrire. » Imaginez ce journal, ce serait le quotidien de la vérité.

Après mon départ, *Le Figaro* avait dépêché un pigiste pour maintenir la couverture de la guerre. Elle durerait encore trois ans. C'était une sale guerre, comme on dit finalement de toutes les guerres, peut-être pour insister sur le fait que le mot guerre ne suffit plus. Ou que la guerre était intolérable depuis qu'elle avait été mondiale : la guerre d'Algérie était une sale guerre, autant que celle du Vietnam, du Golfe, de Syrie. Que des sales guerres, qui sont d'abord les guerres propres d'un sale monde. Ces précautions énoncées, je qualifie quand même de sale cette guerre Iran-Irak. Elle se terminerait en août 1988 par un cessez-le-feu sous le patronage de l'ONU, armistice entérinant le *statu quo ante bellum*, soit l'inutilité du million de morts comme seul rappel de la frontière millénaire des Perses et des Arabes.

Mais j'en étais déjà loin. La rémission totale prit deux semaines. Je pus enfin retourner rue du Louvre. À la rédaction, mon statut avait changé : j'étais devenu quelqu'un. Je le remarquais durant les réunions où les voix graves et expérimentées avaient le pouvoir de sommer le silence, tandis que les autres (les femmes) devaient se faufiler dans le bref interstice d'une fin de parole. Désormais, je suscitais une attention immédiate. Deux mois plus tard, Patrice me proposa le poste de sous-chef de la rubrique Maghreb-Moyen-Orient. L'ascension me donna une sorte de mollesse, un relâchement. J'avais fait ma petite guerre, après tout.

*

L'amour de Claire m'occupait. Elle avait emménagé chez moi juste avant mon départ. Par envie, aussi parce que le minisalaire de son mi-temps au Monoprix la mettait dans une situation difficile. Après six mois en Irak, je rentrai dans un appartement qui n'était plus entièrement le mien. Notre histoire commença sur cette bizarrerie, celle d'apprendre à nous connaître en cohabitant déjà. Claire étudiait encore, elle achevait une licence de lettres tout en visant une admission à l'École normale supérieure de Fontenay-aux-Roses-Saint-Cloud. J'emploie cette dénomination à dessein : Claire réussit le concours et intégra la promotion qui connut la fusion des ENS de Fontenay-aux-Roses et de Saint-Cloud à l'été 1987. Cette opération engendra un charabia terminologique dont j'aimais me moquer, en particulier de la distinction factice entre « Rosiens » et « Cloudistes » – les seconds, reversés sur l'autre site, étant reçus comme s'ils provenaient d'une vague migratoire du tiers-monde.

Claire s'accrochait d'autant plus à ses études qu'elles lui permettaient de fuir Dieppe, sa famille. Le prix à payer fut de travailler. Au Monoprix, j'avais usé d'une drague sans intérêt. Jugez tout de même : des passages répétés à sa caisse et, lorsque son sourire avait enfin validé une sorte de complicité, un papier plié.

« *Je vous trouve très moche* » + mon numéro

Cette boutade imprima une douceur joyeuse à nos premières semaines, jusqu'à mon départ à Bagdad quelques jours après son installation. Elle était arrivée avec sa pile de livres du XVIIe siècle, *L'Astrée* d'Urfé, les poésies de Malherbe, Scarron et son *Virgile travesti*, autant de curiosités pour moi qui considérait platement que la littérature commençait avec Balzac.

Sa culture des lettres me surpassait, m'infligeant un agacement muet, puisque Claire avait l'élégance de ne tirer aucune gloire de son savoir. Cette irritation était balayée par une gentillesse extrême – irritante même, j'y reviendrai – qui se souciait naturellement des autres, de moi. Ainsi, il n'était pas un soir où elle n'ait devancé mon appétit par un dîner dont, en plus, elle se préoccupait qu'il me plaise.

Claire passait la semaine à l'internat de l'ENS et les week-ends à Paris, jusqu'à l'agrégation qui lui ouvrit les portes de l'enseignement deux ans plus tard. Elle fut d'abord envoyée dans le Loir-et-Cher, à Romorantin-Lanthenay, ville à équidistance de Vierzon et de Blois qu'elle chercha à quitter au plus vite, demandant une affectation à Paris pour s'installer définitivement avec moi. Elle devrait attendre deux ans de plus, jusqu'en 1992, et un passage dans un lycée plutôt bourgeois du Mans pour trouver un poste dans le XIVe arrondissement, soit autant d'années durant lesquelles je profitai de tout : l'aisance de notre relation, la liberté, le statut que m'offrait la promotion au poste de « sous-chef MMO ».

L'avantage n'était pas tant la petite autorité qu'au fond je méprisais un peu, que la liberté de me réserver le meilleur. Ce meilleur se traduisait par un reportage au Yémen pour la réunification du Nord et du Sud en mai 1990, un voyage au Caire pour un entretien avec Hosni Moubarak à l'occasion des dix ans de sa présidence, des rendez-vous dans les grands hôtels – Bristol, Crillon, Lutetia – où je rencontrais chaque semaine des diplomates, des ministres arabes en déplacement, des émissaires de toutes sortes, m'habituant enfin au doux côté du luxe.

Ces années s'apparentèrent à une sorte de moratoire : je peux dire que je me suis senti heureux à la fin de ma vingtaine. L'expérience irakienne m'allouait un répit d'héroïsme, mon premier roman avait étanché ma soif d'expression, Claire me dispensait de séduire. Je n'éprouvais ni le besoin d'écrire ni celui du risque grâce à ce confort inédit qui écrasait, tel un gros coussin, la sommation des exigences. Tout se différait à nouveau en promesses – écrire, partir, s'engager –, dont je flairais qu'elles remplissaient mieux la vie que leur réalisation. Car c'est finalement quand ces horizons s'éclipsent que leur motif se dévoile : il fallait ces promesses pour exister. Sinon, pourquoi préfère-t-on une jeunesse pauvre à une vieillesse installée ?

*

Entre Claire et moi, il y avait de l'affection. Je n'ose parler d'*amour*, même si nous nous le disions. Peut-être pour le hâter, ou à cause de cette manie de l'hyperbole certainement destinée à hausser la qualité des moments que nous passions. La répétition use : constat banal vérifié chaque jour par tout être. Moi compris, depuis l'adolescence. Nous ensemble, découvris-je peu après notre emménagement, lorsque Claire obtint sa mutation à Paris. La passion s'émoussait à mesure que le désir s'échouait dans la monotonie. Claire était pourtant d'une grande beauté. Celle-ci avait joué dans mon attrait pour elle, l'éclat social que son apparence m'offrait. Nul n'est insensible au regard de ses amis se posant sur un partenaire, masculin ou féminin, trophée vivant d'un succès génétique à venir. Elle était la marque de mon ascension, le point de fixation en deçà duquel je ne pouvais redescendre. Car je ne me suis jamais aimé – j'entends au sens physique. Après les prétentions adolescentes, je dus m'accepter tel que j'étais, c'est-à-dire *pas beau*.

Non, je ne suis pas beau, et c'est l'amorce d'un sanglot qui m'étreint en écrivant ces mots. La disgrâce est une blessure dont on ne se remet pas, une impolitesse à la face du monde et de sa splendeur. Mon corps n'a, rassurez-vous, rien d'indigne. Il se résume à ma taille, un mètre soixante et onze, *et onze*, oui, j'y tiens, c'est une échelle où chaque centimètre compte. On s'habitue à tout, dit-on : non, je ne me suis jamais habitué à la haine devant la sensation d'être physiquement dépassé, et donc de ne devoir ma survie qu'aux règles de la civilisation certainement imaginées par des frères faibles comme moi pour avoir le droit de vivre. Ma taille ne me condamne pas à la faiblesse : certains petits (je me considère ainsi, préférant ne pas m'accrocher à des nuances que l'évolution anatomique de notre époque dément) compensent par la largeur ou la musculature. Mais j'en suis dépourvu, mes bras gardant une minceur éternelle qui me vaut, au moins, que le temps ne les fripe.

À mon patronyme moyen et ma taille médiocre s'ajoute *forcément* un visage banal et des yeux marron. Sa légère rondeur me prive de la force de mâchoires anguleuses et puissantes, qui offre le privilège de l'allure.

J'écris *forcément*, car la banalité laide, sorte de classe moyenne inférieure de la hiérarchie esthétique, fait rarement des exceptions. Aucune partie de mon anatomie n'avait eu droit à la noblesse : mon torse n'était pas large, les épaules tombaient un peu, j'avais un petit cul mesquin, des grains de beauté parsemaient mon dos et, me rongeant les ongles et les peaux les entourant, je m'occupais moi-même de saccager des mains pourtant honorables. Ma peau, elle, était désespérément blanche, n'acceptant le soleil qu'enduite de crème, de sorte que ma pilosité fournie donnait à mon torse l'air d'un damier revu par Dalí.

La précision me fait dire *pas beau* plutôt que *laid*. Mais, au quotidien, je préfère encore fuir le quelconque en me payant la petite tragédie de me revendiquer comme tel : la laideur donne au moins à sa victime la destinée de vouloir s'en venger. Et ma revanche avait été Claire, dont la taille inférieure au mètre soixante ne voyait aucun inconvénient dans la mienne, dont les cheveux bruns et le teint hâlé compensaient mes propres regrets d'échapper aux canons du physique méridional – viril, musculeux, bronzé –, hélas hégémoniques de notre temps. Mon désir pour elle mêlait les emportements de ma biologie mâle à ces obscurs nœuds psychologiques, lesquels ne devaient pas être étrangers à ma préférence pour les positions me laissant dominer l'acte, en contrôler la durée, en choisir les rythmes. Ce qui semblait lui convenir puisqu'elle m'attribua dès le début de notre relation une sorte d'aura liée à mon métier, convoquant chez elle un imaginaire d'évasion et de prestige.

Quelque chose l'impressionnait, une façon d'être sorti de mes prédispositions sociales. Et puis, elle mettait dans sa gentillesse la gratitude de l'avoir accueillie chez moi. Nos rapports sexuels reproduisaient cette domination feutrée.

Le plaisir que je trouvais dans mes performances, la maîtrise de sa chair, l'accès à une extase malgré moi, s'épuisait tranquillement. L'indifférence devant ce corps me poussait à n'écouter que mon plaisir et excitait en même temps une forme de méchanceté. Une fois, dans une position où elle me tournait le dos, je lui mis une fessée. Ce geste ne se reproduit plus, car je n'éprouvai aucun plaisir sexuel à cette pratique, mais cette fessée ne lui arracha pas la moindre protestation (ne voyant pas son visage, j'entendis seulement un « oh » de surprise que mon « pardon » coupa immédiatement). Après quelque temps, nos rapports sexuels finirent par ressembler à deux masturbations simultanées, mon esprit vagabondant solitairement au point où je m'évadais, au moment de l'éjaculation, en m'adonnant au jeu amusant et misérable d'imaginer d'autres corps que le sien.

Ce bourbier ne gangrénait pas le reste de notre couple. Nous réussissions d'instinct à cloisonner notre sexualité tout en jouissant des excitants de la vie urbaine : socialité surdéveloppée, palette d'activités culturelles panoramique, festivités multiples. Claire profitait de son temps libre pour ne rater aucune exposition. Orsay, Louvre, Beaubourg. Cernuschi, Guimet, Maillol. Rien ne lui échappait, surtout en matière d'art contemporain. Elle fréquentait les galeries de la rive gauche. Chaque dimanche à 11 heures, elle dénichait une nouvelle messe dans la fréquentation des cafés-philos de Marc Sautet, place de la Bastille, au point d'en devenir l'une des animatrices. Ce pli hebdomadaire contribua à nous créer une habitude : je la rejoignais vers 13 heures pour déjeuner au restaurant.

Claire mettait une application constante à profiter de Paris. Ce goût, elle entendait le vivre avec moi, me proposant de la suivre dans les expositions, les fêtes, les sorties. Sa joie de partager crût à mesure que grandissait, en miroir, ma tendance nouvelle à me plaindre. Les geignards énervent. Sachez qu'ils s'exaspèrent d'abord eux-mêmes. Claire avait parfois la gentillesse de m'attendre jusqu'au retour du travail pour me proposer de l'accompagner dans une sortie, prenant le risque d'avoir patienté pour rien. Ces situations me menaient, avec la répétition, à accueillir cette générosité par une crispation à la cause mystérieuse, que j'attribuais officiellement à ma fatigue de la journée. Je refusais d'un air accablé, les sourcils froncés et la bouche pincée, signifiant à quel point cette proposition était malvenue dans mon contexte personnel. Et je la laissais partir ainsi, lui interdisant de bousculer mon monde, me refusant à le brusquer. Le pire étant que, au moment de décliner, la fatigue que j'invoquais se mettait à faire effet.

La moindre chaleur m'indisposait, le bruit ou la pluie aussi, l'ensemble conspirant à un nouvel agacement contre moi : le geignard sait qu'il est contradictoire. J'ai longtemps réfléchi aux raisons de cette spirale de la lamentation, cherchant une rationalité à cette aigreur. J'en ai déduit que la plainte est une maladie du confort contre l'insupportable sensation d'anomalie face à son manque, comme si le cosmos dût en produire pour moi. Claire, elle, savait en plus m'écouter, s'empressant de blâmer la chaleur excessive de la grande ville, sa pollution infestant ma gorge, une pluie décidément imprévisible. Sa compassion ajoutait à l'humiliation, tel le faux ami de SOS Amitié. Je me taisais, admettant mon ridicule, préférant ce silence à l'obstination. Curieusement, cette morgue n'existait pas avec les amis. Je n'étais bien sûr pas le généreux que je ne suis pas, mais je savais faire des concessions attentatoires à mon confort, c'est-à-dire accepter des sudations, des fatigues, des attentes.

Il n'empêche, je devenais laid. Laid de la vraie laideur, celle des traits fatigués, du pli des lèvres tombant aux extrémités. Car mon affection pour Claire s'épuisait peu à peu sur son mur de gentillesse, de beauté, de prévenance. Les mois passant, cette rancune s'installait, finissant par s'exercer sur chaque pan de notre vie. Je pris l'habitude d'accueillir ses joies par des nuances pour éviter de me retrouver face à l'expression d'un bonheur pur, les accompagnant souvent de mesquineries. Je pouvais lui reprocher la longueur (réelle) de ses douches et, pour valider ce grief, pousser le vice jusqu'à lui faire croire que j'avais dû me laver à l'eau froide, ce qui provoquait de sa part une culpabilité sincère et des excuses contrites ; ou encore lui reprocher les tâches pénibles, que je me résolvais à faire en signalant ma fatigue (son statut de professeur était subtilement utilisé pour mentionner son faible nombre d'heures de travail, donc l'évidence qu'elle en fît plus que moi).

Il y avait aussi ces fois où, je ne sais comment mieux le dire, elle *faisait la belle*. Bien sûr, Claire était une personne sans prétention. Son univers mental excluait l'idée de se rehausser en écrasant. Quand je dis qu'elle *faisait la belle*, je qualifie ses tentatives d'être et de s'aimer. Ainsi des nouveaux habits qu'elle me présentait enthousiaste, que j'accueillais systématiquement (ou presque, il me fallait bien garder quelque crédit) d'une moue signifiant : tu seras laide avec ce truc, tu es ridicule à singer les tendances. L'inouï, c'est qu'elle recevait ma désapprobation d'un air convaincu, avec la mimique de quelqu'un admettant s'être enflammé. Il y avait alors cette partie en moi qui lui hurlait de ne pas m'écouter, partie que je localise physiquement dans le cœur parce que j'y sentais une variation à ces instants, la même qui prend les gens ayant *mal au cœur* devant une peine, comme un anniversaire où personne ne vient. C'est ici qu'advenait la seconde d'hésitation, la bifurcation possible, mais le mal avait dû trop pénétrer mes cellules. Je maintenais mon dédain, certainement pour éviter d'esquisser cet autre chemin d'amour dont j'aurais pu être redevable, la fois suivante.

Quand je dis que Claire *faisait la belle*, je parle aussi de ces moments où une certaine ambiance la conduisait à parler d'un air intelligent. Une exposition, une lecture, une émission pouvaient lui inspirer l'envie d'un débat profond, ou simplement l'emploi de mots recherchés. Une fois, sortant d'une lecture ou d'un échange avec un autre prof, elle se piqua d'un savoir sur l'économie française (car c'est ce qui m'agaçait, cette aptitude à croire être quelqu'un d'autre, à pouvoir changer, se manifestant dans la reprise des tics de langage, des expressions de modèles aberrants). Cette prétention à parler d'économie l'avait entraînée à évoquer le « commerce fluviatile » de l'Île-de-France. Je me souviens très précisément de la haine prodigieuse que déclencha ce mot de *fluviatile* sortant de sa bouche, ce fiel allant jusqu'à l'envie de claquer cette distinction langagière. Je n'en laissai rien paraître, ajoutant à mon agacement la sensation de prendre charitablement sur moi. Cette insolence ressortait à l'occasion des discussions se déportant sur mon terrain, la géopolitique. Chacun de ses avis en la matière me paraissant phénoménalement stupide, je ne pouvais m'empêcher de la reprendre. Même lorsqu'elle émettait une opinion proche de la mienne, je lui faisais la leçon, ici sur la stratégie américaine en Irak, là sur la situation du Maghreb, alors que cette pulsion pontifiante me dégoûtait.

Le comble, c'est que Claire ne s'énervait jamais. Je n'ai pu deviner si, étrangère à toute forme d'aigreur (donc dépourvue des capteurs d'identification de la méchanceté), elle saisissait l'immondice qui me parcourait. Nous avons traversé des années ensemble durant lesquelles je ne l'ai pas vue une fois hors d'elle. J'en étais d'autant plus épaté que sa jeunesse fut beaucoup plus rude que la mienne. Ses parents formaient un couple de mariés-séparés. Elle ne les avait jamais connus aimants l'un envers l'autre. Au contraire, Claire et sa sœur avaient servi d'alibi au maintien du ménage. Ce qui lui valut une double peine : servir d'excuse au couple parental et être condamnée au spectacle d'une guerre éternelle dont sa mère sortait, certains soirs, battue.

L'étouffement de la maison, l'étouffement de Dieppe. Elle était partie dès qu'elle avait pu, préférant les semaines impossibles d'étudiante-travailleuse à ce bagne domestique qui avait nourri son goût pour l'évasion dans les livres. Elle retournait si rarement chez ses parents que je ne les rencontrerais pas. Je crois qu'elle en avait honte. Non de leur situation – son père était gérant d'un restaurant prisé de la Grande-Rue et sa mère avait un poste à la direction du centre aéré –, mais de l'esclandre auquel leur entourage s'était habitué, jusqu'aux Noëls où il était admis de les placer de part et d'autre de la tablée. De ces années étranglées par une haine qui avait gâté l'amour, Claire n'avait gardé aucune hargne.

Une fois ou deux, elle avait accueilli mes remontrances par une réprobation, changeant de conversation d'un ton sec. Je m'étonnais toutefois que ce soit si peu le cas, ce que j'explique par le glissement subreptice conduisant chaque couple au bord de l'abîme en un temps réduit, puisqu'aucun n'échappe au microbe destructeur de la domination. J'y voyais aussi l'effet de sa confiance aveugle. Elle me fascinait, secrètement, par son inconditionnalité. Jamais elle ne doutait de ma bienveillance, au point que je m'interrogeais sur mon talent à la feindre. En contrepartie de mes humeurs épouvantables, je m'astreignais à certaines courses, des invitations au restaurant, et quelques livres dont le cadeau m'offrait l'occasion de souligner un manque. D'où venait la foi que Claire m'accordait ? Elle avait connu les déchirements à Dieppe, et rien n'avait été facile pour elle depuis : cela ne pouvait tenir à une naïveté quant à la dureté des choses. C'était forcément elle, je veux dire elle intrinsèquement, qui était ainsi. Elle était faite pour être bonne, aimable, gentille, quand j'étais l'inverse, comme si notre humanité cachait sa vraie division non pas entre deux sexes, mais entre deux races, des Caïn et des Abel.

Vous vous demandez peut-être pourquoi je restais si elle m'irritait tant. Parce qu'une chose en elle continuerait toujours à me résister. Sa générosité naturelle la tournait vers moi, vers l'envie de me faire plaisir. Elle n'avait pas pour autant ce caractère canin qui pousse certains à conditionner leur bonheur à l'autre. Elle était indépendante. Ce qui signifie que, si je déclinais une sortie qu'elle me proposait, elle ne passerait pas moins une bonne soirée, ni ne rentrerait plus tôt pour passer du temps avec moi. Au contraire, je savais très bien que, cette soirée, elle en profiterait comme si tout était là, ici, maintenant. Rien d'autre n'existerait que la poignée d'amis qui l'entoureraient. J'admirais cette faculté à réduire son monde au seul présent. Lancée dans un tel moment, elle lui donnerait tout, ce qui lui conférait une présence éclatante et légère. Elle était là ou aurait pu être ailleurs, tout aussi intense. Claire pouvait prolonger la soirée jusqu'au milieu de la nuit, même en pleine semaine. Elle gardait sa fraîcheur, ne laissant pas de prise à la fatigue ou à la lassitude. Cela se retrouvait dans une activité qui la faisait rayonner, la danse, art sublimant sa beauté jusqu'à la grâce.

Claire habitait son corps comme son être. Je jalousais ce don tout en l'aimant pour ça, d'incarner mon incomplétude. La danse signalait en fait la chose essentielle : Claire était ce que j'appelle (faute de mieux) un « être plein », c'est-à-dire une personne totale, se suffisant à elle-même, pour qui l'amour ne comblait pas un manque mais procurait un surcroît. Elle ne craignait ni la solitude, s'occupant toujours naturellement, ni le célibat, ce qui lui donnait une liberté radicale que j'enviais. Elle me le prouvait avec ses sorties. Dans cette époque sans portable, je finissais par me mettre au lit vexé par ma dévaluation, comprenant qu'elle ne calibrerait pas son retour pour moi.

Ces soirées n'étaient heureusement pas si fréquentes. Du reste, nous sortions parfois ensemble, avec des amis de Claire qui avaient fréquenté Detroit dans les années 1980, connu le Ministry of Sound dès 1991, l'éphémère Boy à Paris. Le Queen, sur les Champs. Une curiosité, peut-être la crainte que ce monde n'emporte Claire, m'avait décidé à l'accompagner. J'y pris goût ; étonnamment, puisque j'avais peu fréquenté les discothèques. La nouveauté et la promesse d'extrémités me plurent, sûrement parce qu'elles donnaient à notre couple les expériences-limites dont notre inertie avait besoin. *Free parties*, teknivals : nous traversions ces nuits avec un autre sentiment que la joie. Ce plaisir bizarre de voler sans respirer, qui nous conduisait à chercher les friches, les ruines, les abandons. Ces moments imprègnent ma mémoire des *nineties*, années curieusement ascensionnelles que la fiction des chiffres me faisait assimiler à une montée vers le zéro : 2000. Les alpinistes appellent « mal des cimes » la torpeur à l'approche d'un sommet convoité. Le pic précède le gouffre, comme le sentier de notre décennie débouchait sur une immensité – un millénaire.

Je ne pouvais me représenter ce changement d'ère sans un malaise qui avait pour cadence la mélancolie électronique, son signal industriel. Ces fêtes n'étaient pas gaies. Elles étaient festives, c'est tout. 2000 : ce zénith scintillait, devenait la référence ultime, et les enseignes jouant sur ce futurisme de pacotille (Optic 2000, Sport 2000) devenaient aussitôt ringardes dans leur enthousiasme déplacé, danseurs éternels d'une kermesse que tout le monde allait quitter. Étoile du Berger de la fin du siècle, 2000 avait longtemps brillé d'assez loin pour nous laisser tranquilles. Les années 1970 avaient leurs années 1980, les années 1980 leurs 1990. Nous, nous n'avions plus rien : il fallait basculer. L'enthousiasme débridé de cette époque ressemblait à une forme de panique, que je retrouvais dans le mal de ventre (encore) qui m'étreignait à la fin des soirées. Au teknival de Fontainebleau, en mai 1995, je me souviens précisément de la silhouette des arbres transpercée par les lueurs de l'aube et moi, nous, dansants, alcoolisés, drogués, célébrant finalement rien si ce n'est ce retour aux rythmes essentiels.

*

Des années 1990, ce sont pourtant des tonalités euphoriques qui me reviennent, probablement parce que j'associe leur souvenir à Claire. Sa joie s'exprimait en dansant, en chantant, et si elle dansait bien mais chantait mal, cette soif devait être étanchée chaque jour. La télé restait en continu branchée sur les clips. C'est d'ailleurs pour y accéder que je souscrivis au câble en 1988. Un essai, jamais résilié, pour faire plaisir à Claire qui s'enthousiasmait de l'arrivée de MTV en France. Jusqu'à la bascule en 1998 sur la 71, comme nous désignions cette nouveauté qu'était M6 Music, où nous zappions quand la boucle des clips de MTV nous lassait.

La télécommande devint l'instrument névralgique, et pour tout dire une sorte de sceptre magique, raison pour laquelle elle sombrait dans le canapé, s'échouait dans la cuisine, se perdait sous une pile de journaux, faisant autant d'orbites dans l'appartement que les satellites de TPS pour nous donner l'accès à l'immensité pré-Internet qu'était cette galaxie de chaînes. Cet univers parcouru du bout des doigts nous émerveillait (il enchantait aussi Papa, qui s'abonna au câble sur la seule foi de mon engouement). Cette présence comblait nos jours, le poste devenant une sorte d'enfant immobile que nous pouvions faire taire ou laisser parler d'un geste. Ainsi, le son n'était remis que pour les morceaux favoris. L'un de nous se précipitait alors pour monter le volume.

Par-delà les années et l'opprobre qui l'a enterrée, il me reste de cette époque l'écho d'une dérive sonore dont la réminiscence m'oblige à confier la tendresse. L'eurodance était une dérive sonore parce que tous les battements du temps y confluaient : les beats synthétiques, son kitsch, sa métaphysique stupide. J'écris stupide avec amour, car il y avait un ébahissement dans ces aberrations sonores et poétiques.

What is love

No limit

Dreams

In my eyes

The summer is magic

Boom, boom, boom, boom

Un crépuscule grandiose est tapi dans cette épure, dans le geste de ces dramaturges qui ont enjoué les derniers hectomètres avant l'an 2000. *Italo & Eurodance Hits vol. 2* ; *Best of 90's Eurodance Hits* ; *The Ultimate Megamix* : je continue d'en écouter les tubes et, tels des fétiches, d'en conserver les compil'. Il nous fallait Robert Miles et Eiffel 65 pour réussir à aimer la fin de l'histoire. Pour ajouter un frisson d'étrange à ce futurisme, il nous fallait le sifflotement du générique de *X-Files*. Nous n'en manquions aucun épisode bien que, vulnérable à l'épouvante, il m'était pénible de ne pas mettre un oreiller devant mes yeux. Plus encore, il nous fallait Alice Deejay, qui irradia notre année 1999 : les premières notes de *Better Off Alone* nous précipitaient devant l'écran, électrisés par une liesse immédiate. Claire connaissait la chorégraphie par cœur. Ne sachant comment l'accompagner, je me mettais à taper bêtement dans les mains. Chaque image de ce clip s'est pressée dans mon cortex comme sur un disque ; je me souviens du désert, d'un palais oriental, de costumes indiens, et de cette merveilleuse impression de mondialité accomplie que célébrait finalement mon applaudissement.

Le Nouveau Monde que nous fêtions n'était plus celui des navigations, des dangers, des découvertes. C'était le monde des autoroutes et des zones d'embarquement, des procédures sanitaires et des accélérateurs de particules, des Interrail et des Erasmus. Je dis monde pour dire Europe, bien sûr. La Communauté inventait l'utopie des années 1990. La seule qui restait, la seule qui a fonctionné. Parce qu'elle n'était pas faite pour être aimée, mais pour marcher. Il faut avoir éprouvé la laideur du quartier européen de Bruxelles, ses géométries de béton, ses essaims de vitres : là-bas l'attente, niée, n'existe plus. Cette utopie de flux, de normes et de réseaux, j'y consentais comme nous y consentions tous. Arrêter l'histoire, abolir l'espace. Vivre sans le risque de mourir. Moi aussi, je voulais les frontières fluides, la paix, l'espace public désinfecté. L'eurodance, l'Eurotunnel, l'euro.

Cette monnaie était le noyau de l'utopie. Je le compris en assistant aux passions qu'elle suscitait au journal. L'achèvement du marché commun nécessitait la libre circulation des personnes, du capital et des biens : la monnaie unique en constituerait le triomphe. Le chemin vers cette apothéose nous occupa plusieurs années – une décennie en tout, du traité de Maastricht en 1992 à la disparition du franc, en 2002. De la cellule spéciale mêlant des journalistes de l'économie et les nôtres, de l'international, je me rappelle surtout les réunions interminables. La diplomatie se réduisait à des arguties sur les cibles d'inflation, la géopolitique à des querelles de réserves de change. Là était le prix de cette utopie : l'ennui. Le sujet en excitait tout de même deux ou trois, qui avaient ce vice particulier de jouir de la complexité. La récréation du service économie consistait d'ailleurs à se défier sur les taux de change du jour – les gagnants, capables de sortir la parité dollar-couronne danoise ou yen japonais-real brésilien, remportaient chaque mois un restaurant.

Quelques-unes de ces réunions tournèrent à la tragédie, ou au vaudeville, ce qui n'avait pas été pour me déplaire à moi, sous-chef traîné dans ce cénacle où le monde arabe n'avait que peu à voir. Une ligne de fracture divisait les mandarins du *Figaro*. La direction du journal ne cessait de rappeler son engagement libéral, qui était une manière gratifiante de revendiquer la défense de la bourgeoisie d'affaires, pour exiger un traitement très favorable de tout approfondissement de la construction européenne.

Cette ligne hérissait une frange de briscards s'autoproclamant « les gaullistes », hostiles à Bruxelles et surtout à Berlin. Ils voyaient le bec de l'aigle allemand derrière chaque décision communautaire, assimilaient Kohl et Schröder à Bismarck et Guillaume II, comparaient chaque sommet du Conseil européen à des offenses historiques. Ils rappelaient que la dépêche d'Ems avait mené tout droit à la guerre de 1870, le pacte de Munich à l'Occupation, et bla-bla-bla. Ils me faisaient penser à ces amoureux jamais remis d'un chagrin, s'épuisant dans l'exégèse de chaque dispute avec l'aimée, remémorée avec un souvenir d'archiviste. L'euro n'était pour eux qu'une nouvelle tentative germanique d'assouvir l'éternel fantasme de soumission de la France. Ils militèrent pour conserver le nom d'ECU, déjà utilisé depuis 1979 et dont ils chérissaient la consonance royale. Ce fut leur première défaite : le Conseil européen acta en 1995 le nom d'euro.

Ce ne fut rien à côté de la bombe nucléaire qui arriva peu après. La décision d'installer la nouvelle Banque centrale européenne à Francfort les foudroya. Hurlant contre ce choix, ils exigèrent un éditorial que les grands chefs refusèrent, ce qui suscita une fronde qu'ils assimilèrent en ne riant qu'à moitié à une nouvelle Résistance. Leur insoumission grandiloquente m'amusait beaucoup. Parmi ces « gaullistes », je prisais en particulier la plus folklorique d'entre eux, Mireille. Elle était de ces journalistes qui ne prennent jamais leur retraite, finissant par échouer dans un service contre-nature, comme ces rêveurs traitant de politique ou ces passionnés de grands reportages perdus au courrier des lecteurs. Mireille, il est vrai, avait passé deux ou trois décennies au service religion. Ce dut être pour relancer sa carrière de sexagénaire qu'elle avait sollicité ce nouveau *challenge* qu'était l'économie. De ce long passage à côtoyer le Ciel, certainement aussi des nuages où sa tête est toujours restée accrochée, Mireille avait gardé une passion pour un objet singulier, qui pourrait être délimité en un mot : l'Apocalypse.

Persuadée que nous vivions la fin des temps, elle avait développé une sorte de don rhétorique pour attraper dans son environnement tout élément qu'elle pourrait transformer en symbole prophétique. Cette obsession se traduisait par des oracles distillés à la machine à café. J'avais l'habitude de l'y retrouver, moins par amitié que pour le délice de ces prédictions auxquelles elle ajoutait le pittoresque de sa pose, de sa voix granuleuse, et de son apparence rendue plus spéciale encore par ses yeux exorbités – cette protrusion devait être liée à des problèmes de thyroïde, j'avais aperçu une boîte de Levothyrox sur son bureau. Mireille alternait deux ou trois tenues toujours ornées d'un foulard maniéré, qui lui donnait l'air raffiné et désuet d'un ponte de la Sorbonne. Ses emportements contre l'euro me délectaient. Elle traitait cette monnaie transnationale d'anticatholique : Jésus avait chassé les marchands du temple et enseigné qu'on ne pouvait servir deux maîtres, Dieu et Mammon.

Le fétichisme des politiques pour l'euro témoignait de leur asservissement au dieu Argent.

Cette inversion prouvait la décadence moderne car, disait-elle, le temple s'était transformé en banque depuis que Bruxelles était devenue la nouvelle Rome. Venait alors son syllogisme favori : l'Église, première institution créée par l'Occident, était destinée à gouverner le monde en attendant le retour du Messie ; l'Europe, en voulant détruire les frontières, les monnaies et (selon elle) les peuples, cherchait donc à en terminer avec l'histoire, le temps, l'attente du Sauveur. J'aimais ses explications farfelues, ésotériques. Je la relançais d'un air candide, pour continuer à savourer ces pauses épiques. Certaines de ses diatribes s'achevaient, les grands jours, par la gratification suprême, lorsqu'elle clôturait une démonstration par un aphorisme. Comme cette fois où elle me lança, presque en tremblant : « Bruxelles est le stade terminal de l'Occident. »

IV

Avec Claire, le confort m'était monté tel un diabète. La logistique du quotidien, la sédentarité ramollie, la flemme de vivre, je veux dire de vivre vraiment, tel que je l'entendais, avec des découvertes, des risques, des nouveautés : ces frissons s'éloignaient à mesure que les week-ends en Normandie remplaçaient les reportages en Algérie, où j'envoyais de plus en plus mes subordonnés. J'avais déserté une banlieue où il ne se passait rien pour craindre un mal plus redoutable, lorsque la jeunesse mouvementée s'ensable dans une maturité confortable. Je me voyais rejoindre la cohorte de ces gens mal à l'aise devant les baroudeurs, et qui aiment dire que, s'ils n'avaient pas rencontré madame ou pondu leur premier gosse, on les trouverait encore à sillonner les cultures et les mers. Une excuse est alors nécessaire ; la plus répandue étant de feindre que leur vie n'a pas grand intérêt, qu'ils vénèrent les aventuriers et vouent un culte secret à Rimbaud.

Pour compenser, je misais sur les territoires intérieurs : je me remis à écrire. D'abord un très court roman, qui avait plutôt la taille d'une grosse nouvelle – cent vingt pages –, sur les dilemmes d'un officier irakien libéral brutalisé par un tyran. L'histoire, bien entendu inspirée par Hassan, était peut-être une façon de prolonger notre amitié, de la sanctifier par-delà le temps. Car je pensais souvent à lui, à son geste décisif et à l'ingratitude que la situation appelait. Dix ans après *Le Petit Chef*, il s'était créé une forme d'attente. Certains lurent dans *Un destin irakien* (le titre, nul, avait été choisi par l'éditeur) le début d'un motif sur l'autorité, puisque *Le Petit Chef* portait déjà sur ce sujet. Sa publication en février 1995 me valut quelques interviews et une invitation à la radio, déclenchant un bruissement qui m'accompagna quelque temps. Je devenais un écrivain, soudain collègue de Ken Follett et Amélie Nothomb. Aux yeux des moins initiés, bien sûr : ceux du milieu voient passer des piles d'auteurs chaque année. Mais pour la famille, quelques amis, j'étais « l'Écrivain », comme si marquer un but dans un match officiel vous transformait en successeur possible de Cristiano Ronaldo.

Que pensait Claire de ma production ? Si elle me disait l'apprécier, je ne pouvais m'ôter une légère honte vis-à-vis d'une spécialiste aux études si poussées. Je l'imaginais mesurer secrètement mon texte à Pessoa, Camus, Kafka, et sentir que les labyrinthes métaphysiques n'avaient, chez moi, que deux galeries où il était impossible de se perdre. Elle n'était pas non plus insensible à la petite notoriété que cela nous offrait. Elle laissa plusieurs semaines la page pliée de mon entretien à *L'Humanité* sur la table basse du salon, et avait enregistré sur une cassette mon passage à France Culture.

Ce succès relatif ne changeait pas l'impression de nager dans le perpétuel étang. Je fis bien quelques passages à Rabat, Jérusalem, Damas, pour des rencontres diplomatiques – le terrain restait à mes journalistes. J'avais même gagné le statut de chroniqueur dans les pages opinion : j'y accouchais d'une analyse de géopolitique tous les mardis. Cela m'enthousiasma beaucoup au début, avant de comprendre que je n'avais pas tant de vues captivantes à livrer au monde. Une rumeur voulait que Mitterrand lût uniquement les analyses de Raymond Aron dans *Le Figaro.* Une telle ambition me traversa quelque temps.

La nouveauté fut enterrée par sa contrainte, la flemme, la sensation d'avoir tout dit, plus sûrement le fait de réaliser que cette chronique n'avait pas grande importance. Pour écarter toute répétition, je privilégiais les sujets nouveaux qui m'obligeaient parfois à la documentation. À défaut d'un avis passionnant, j'informais au moins le lecteur sur les alliances de Kadhafi avec les chefs de tribus, la tradition contestataire du Rif marocain, les subtilités de la famille royale saoudienne. Mais je tournais en rond. Finalement, c'était normal puisque tout tourne en rond : la Terre, les manèges, les saisons. Je me lançai rageusement dans l'écriture d'un troisième livre.

Rageusement, parce que j'en attendais quelque chose de plus, une transformation impossible. J'y racontai les fêtes des années 1990, comment elles trahissaient la mentalité d'une décennie où tout promettait d'être mondial, moderne, informatique – elles les trahissaient dans les deux sens du terme : la révélation, la subversion. *Nos Défêtes* avait pour ambition de rendre cette atmosphère en évitant la narration classique. Le récit n'était pas centré sur un personnage, mais sur les nuits. Les danses, les mots, les mœurs. Trois mois me suffirent pour l'achever, à l'hiver 1998.

Le livre parut à la rentrée suivante avec un succès immédiat. Les libraires le placèrent systématiquement sur les tables d'entrée, la presse en fit un livre générationnel. Pour son thème, certainement aussi pour sa forme – âpre, froide et brillante comme ces années métalliques. *Nos Défêtes* s'inspirait en fait du *Cantique de la racaille*. Personne ne devina cette filiation. Le premier tirage, modeste, fut doublé, puis triplé. Début septembre, la sélection du Renaudot tombait. *Nos Défêtes* y apparaissait, ainsi que dans la deuxième sélection en octobre. Les sollicitations s'accumulaient – interviews, signatures en librairie, conférences – et je m'étonnai moi-même de ce coup d'éclat dont la genèse portait de si mauvaises raisons : l'ennui joyeux, la dissipation des incandescences.

De l'extérieur, ce livre surgissait en révélateur de l'esprit du temps. Je mesurais la gêne qui doit saisir tant d'auteurs aux contingences créatives soudain effacées par un succès leur attribuant des visions oraculaires. Mon labeur semblait, tout à coup, prophétiquement téléguidé. Ce serait oublier les hasards de l'écriture, les rouages de ce milieu et ceux des prix, en particulier du Renaudot dont Fasquelle avait été écarté depuis six années maintenant, ce qu'il savait plaider dans les dîners avec les jurés se multipliant à l'approche de l'officialisation des listes. Ce prix, je ne l'aurais pas : mon nom serait évincé trois semaines plus tard. Je gardais quand même le prestige du sélectionné telle une médaille de bronze – offrant à mon livre un éphémère bandeau rouge pour le signaler – et cette micronotoriété me valut d'être reconnu dans la rue.

Cela n'arriva que deux fois, ce qui fut assez pour stimuler une vanité : soudain, on veut tout prendre, comme ce jour de novembre à Montpellier où la librairie Sauramps m'invita pour une rencontre. Après la séance de dédicaces, nous dînâmes au restaurant avec quelques libraires et deux représentants de ma maison d'édition dont Anne-Marie, la responsable des relations avec les salons et les librairics. J'ignore pourquoi, son indifférence cordiale à mon endroit se transforma ce soir-là en attention. Ce n'était qu'une intuition, que j'étayai par quelques signes ténus ; une intensité dans le regard, une expressivité dans ses réactions. Anne-Marie n'était pas une femme magnifique, mais je la trouvais plus belle que moi. Le cadeau de son désir et l'équilibre que j'y décelai avec ma notoriété ponctuelle (sans laquelle cet attrait m'aurait semblé louche) se combinèrent avec les verres d'alcool et l'éloignement de Paris floutant Claire dans mon esprit. Une époque sans portables, sans un moyen d'actualiser en permanence la pensée de l'autre par une présence digitale, était plus propice aux adultères.

Nous rentrâmes à l'hôtel. Je prétextai une vérification de notre train du lendemain qu'elle saisit pour m'inviter dans sa chambre. Là, nous nous assîmes sur le lit, absorbés par une discussion poussive qu'elle et moi nous obstinions à faire durer. D'aussi près, j'aperçus une moustache décolorée que je m'efforçai de ne pas fixer. Nos bras plantés sur le matelas pour nous y tenir assis se touchèrent, la barrière des corps tomba et soudain nous nous étreignîmes comme s'il fallait rattraper le temps perdu. C'était interdit, mais secret : ces deux ingrédients décuplèrent mon désir, et sûrement aussi celui d'Anne-Marie dont l'alliance me rassurait.

Dans la pénombre d'une lampe de chevet, je devinai la longue cicatrice d'une césarienne, et d'autres marques du temps rendant son corps moins attrayant. Bizarrement, cela me sécurisa. Ce corps n'avait plus la beauté pour m'impressionner, rétablissant une sorte d'égalité avec le mien sans intérêt, fonctionnel. Elle avait été séduisante, j'étais seulement un être pratique, adapté au sens physico-chimique à la vie – je voyais d'ailleurs dans ma bonne santé une contrepartie heureuse de cette complexion. Cela dura une quinzaine de minutes, puis la culpabilité se mit à me tourmenter. Tranquillement, car je supputais qu'elle était partagée : cette équité l'adoucissait.

Cette infidélité à Claire fissura notre histoire. Celle-ci n'existait que dans l'indécision, la poursuite non concertée. La raison profonde de cette cassure m'échappe : le prix de telles unions est de ne jamais parler d'elles. L'état de notre couple ne soulevait donc aucune discussion. Nous étions ensemble parce que nous étions ensemble, point. Cette carence était scellée par les années. Privés du noyau de feu, de tels couples survivent grâce à l'exogène. Je trouvais mon intérêt dans cette situation confortable, me disant que rares sont ceux qui vivent l'amour fou, et j'appréciais finalement son caractère admettant ma domination.

Mais tout passe et Claire souhaitait un enfant. Je refusais une telle chose impliquant le don inconditionnel, l'absence de sommeil et l'inquiétude permanente (maladie, accident, problèmes en tous genres, par exemple un manque d'amis, un célibat persistant ou un échec scolaire). Je n'osais le lui signifier, de peur de menacer une histoire durant depuis plus de dix ans, ce qui était une vie dans ma vie.

La nuit de Montpellier interrompit ce tsunami d'habitudes et de fuites. À partir de là, tout m'insupporta définitivement : le clapotis de sa peau quand elle l'enduisait de crèmes, celui de sa bouche en mangeant, ses chuchotements dans le noir lorsque, voulant parler, elle nuisait à mon sommeil, et surtout les caresses matinales sur ma peau encore engourdie, que ses doigts hérissaient. Claire ne formulait toujours pas de malaise. Elle s'ingéniait de plus à faire comme si de rien n'était, multipliant les attentions, m'étouffant de sa perfection. Jusqu'à l'irréparable.

Ce soir-là, rentrant vers 23 heures d'un restaurant, je découvris la table mise avec la belle nappe et des bougies éteintes – la cire indiquait une longue combustion. Claire était assise sur le canapé, figée, le regard droit sur moi. Elle avait pleuré, son teint blême, sa peau molle et ses yeux rougis l'avouaient. Quelle faute avais-je commis ? Elle n'était peut-être pas si grave : Claire m'avait accueilli sans un reproche. Mais elle ne reprochait rien à personne, encore moins à moi. Elle m'en voulait sans doute et, par crainte du conflit ou incapacité à sortir de sa gentillesse, se taisait. Elle avait, en fait, préparé un repas pour fêter son affectation au lycée Charlemagne, dont elle rêvait depuis longtemps. N'ayant pas organisé la célébration et omis de réserver ma soirée, j'avais commis une double faute. Claire me le reprocha d'un ton bizarre, tentant de cacher son exaspération. Cela donna un hybride, entre l'information et l'énervement.

J'ignore pourquoi, mais au lieu d'une sollicitude, un agacement me vint. Quelque chose résistait en moi : non, je ne m'excuserais pas. Je haussai la voix à mesure qu'elle me demandait cette réparation. Claire se remit à pleurer, et l'empathie qui aurait dû naturellement se manifester pour l'aimée ne vint pas. J'enfonçai le clou en lui reprochant son inorganisation. C'en fut trop pour elle, qui pour la première fois me reprocha de ne penser qu'à ma gueule. La colère me submergea instantanément.

Bravant ses yeux apeurés, je m'approchai d'elle en lui hurlant de répéter. Je lui mis alors une claque qui ressemblait plutôt à un coup de poing puisque j'avais téléporté mon bras comme une hélice. Le coup vint lui heurter la joue, la mâchoire, l'œil, bref : toute la face gauche. Elle recula, me fixant d'un regard soudain gagné par l'horreur. Se heurtant le dos contre le mur, acculée, elle blottit sa tête dans ses mains et hurla :

« Arrête ! Arrête ! » Cette supplication ouvrit en moi un trou, descella une cavité ignoble. Je m'avançai à nouveau vers elle. Relevant d'un uppercut sa tête calfeutrée dans ses bras, je lui envoyai un nouveau coup de poing ; puis deux, trois, six, je ne sais plus. Je me revois simplement reculer devant Claire effondrée, moi-même titubant, groggy d'effroi, de haine, purgé par ce mal qui s'abattait. Je ressentis aussitôt un dégoût immense.

*

Ma vie *changea* ce soir d'automne 1999. Ce verbe neutre m'épargne une évaluation dont, vingt ans après, je demeure incapable. Ma vie s'était effondrée, révélée, peut-être les deux, peut-être rien. Je ne sais pas. Je vous avais prévenu : le mal a dû trop pénétrer dans mes cellules. Mieux vaut en rester aux faits. Le principal fut que Claire me quitta. Évidemment, me dis-je aujourd'hui. Je n'en étais pas certain les premières nuits, que je passai dans un hôtel à sa demande. Ses deux visites me laissèrent penser à la possibilité du pardon, d'autant que je multipliai les excuses, les promesses, mais pas les caresses. Je pressentais qu'elle aurait repoussé tout geste de tendresse. Je dois avouer que ceux-ci furent aussi découragés par ses pommettes tuméfiées et le pansement qui tenait sa mâchoire, à travers lequel on devinait une ecchymose violacée.

Elle me demanda du temps. Pour elle, et pour mettre à l'épreuve mon engagement que cette agression serait la seule, qu'elle serait enfouie dans les limbes de la tragique tautologie des coups de folie : inexpliqués car inexplicables. Rien de cela n'eut lieu. À mon retour, je découvris mon appartement vidé de ses affaires, et une lettre. Claire ne serait jamais une femme battue comme sa mère. Telle mère, telle fille : ce destin l'horrifiait. Ma violence avait réveillé cette révolte enfouie, que j'insoupçonnais. Elle terminait sa lettre par une menace : ne pas chercher à la retrouver, sans quoi je m'exposerais à une riposte.

Voilà l'unique intimidation qu'elle m'aura adressée en quatorze années. Celle-ci restait nébuleuse, ce qui la rendit encore plus dissuasive. Mais l'intention qui se dissimulait derrière ses deux visites à l'hôtel s'éclaira immédiatement. Elle se résume en un mot, me fuir. Ce verbe m'est familier, moi aussi je l'ai toujours désiré. Elle avait réussi, et ça corrigeait l'anomalie. Sa beauté, sa joie, sa bonté : cette victoire de l'évidence me soulageait, quelque part. Parce que l'issue rétablissait une normalité, parce que je le méritais. Je ne mesurais pas encore l'autre sentence que ces coups allaient m'infliger.

Les premiers temps, je tentai de maquiller le désastre. J'avais commis l'inavouable. La disparition de Claire, du moins, me permit de camoufler la vérité sous de vagues conflits de couple auprès de mon entourage. Je voyais bien le visage suspicieux de Papa et Maman, que la pudeur avait retenus de m'interroger. Ces mensonges par omission me pesaient. Au bout de quelques semaines, je confiai la cause réelle de la rupture à un ami. Si je me remémore cette soirée comme celle où je reçus une enclume sur le crâne, ce n'était pas pour sa réprobation – il s'était montré compatissant à mon égard –, mais pour le déclic que suscita la verbalisation d'une vérité que mon cerveau refusait d'admettre : Claire menaçait tacitement de porter plainte.

Je n'attribue qu'à mon dérangement mental du moment de ne pas avoir moi-même abouti à cette évidence. Que pouvait sinon désigner cette riposte ? Claire n'était pas violente, ne possédait aucune arme à feu et n'avait, à ma connaissance, aucun lien avec une mafia autre que celle des cafés-philo de Bastille. Terrifié par cette perspective, je me précipitai le lendemain matin au rayon juridique de ma bibliothèque de quartier. Je n'avais pas encore Internet chez moi et la honte m'interdisait de consulter un avocat. Je saisis, vacillant, le Code pénal. Après une recherche compliquée par ma fébrilité, je trouvai enfin les lignes qui allaient me hanter : « Les violences ayant entraîné une incapacité de travail inférieure ou égale à huit jours ou n'ayant entraîné aucune incapacité de travail sont punies de trois ans d'emprisonnement et de trois cent mille francs d'amende lorsqu'elles sont commises par le conjoint ou le concubin de la victime. »

Je connaîtrai jusqu'à ma mort chaque mot de l'article 222-13 du Code pénal, de cette forme, désuète aujourd'hui, qui laissa pendre l'innommable au-dessus de mes lendemains : trois ans. Le mot de prison m'abasourdit, m'inoculant un effroi à m'écrouler au sol. L'incarcération ne signifiait pas seulement la privation de liberté, c'était surtout la confrontation à une sauvagerie dont j'étais certain de sortir battu, violé, peut-être estropié. J'aurais tant donné pour redevenir un citoyen sans histoire. N'importe où, même dans une barre de Thiais, qu'on me rende le miracle de la vie innocente, comme Papa et Maman qui avaient eu l'intelligence de comprendre le vrai troc de nos démocraties : obéir pour vivre en paix.

Trois ans. Le chiffre redouté devint aussi celui auquel je me cramponnai : la prescription tomberait dans trois ans. En attendant la liberté, j'endurai la mise sous écrou de ma conscience. Des jours noirs et des nuits blanches à ressasser : ma violence, les possibles actions de Claire, leurs conséquences. Ces jours à l'hôtel lui avaient certainement permis de consulter un médecin, d'établir un certificat dont je priai pour qu'il ne dépassât pas huit jours d'incapacité de travail, sans quoi les trois seraient remplacés par des cinq – cinq ans de prison, cinq cent mille francs d'amende. Joindre Claire devenait un suicide, mais elle aurait pu exécuter sa menace sans moi, convaincue par une amie, changeant toute seule d'avis.

Je ne cessai de m'imaginer la prison, jusqu'à la désirer. Qu'on en finisse ! Mes plans étaient déjà élaborés. Comme tout être normalement constitué – c'est-à-dire certain d'être trop faible pour faire front devant la barbarie –, je ne sortirais jamais en promenade. D'autant que frapper une femme pourrait me valoir d'être assimilé à un pointeur, tel que les pédophiles et les violeurs. J'avais déjà entendu que ce label constituait une quasi-condamnation à mort dans le monde carcéral. Je tablais bien entendu sur mon statut de journaliste et mon casier vierge pour obtenir l'isolement. Dans cette cellule, j'aurais passé mes journées à faire des pompes et à lire, à muscler mon corps et mon esprit. Je me plaisais parfois à imaginer une métamorphose, un scénario improbable, par exemple oser ce premier coup grâce auquel j'aurais gagné le respect des détenus. J'aurais été le seigneur de la cour, le faux calme à ne pas emmerder. Ou un sage, je crois que c'est un statut enviable là-bas, un sage que des jeunes en déroute seraient venus consulter. J'aurais été ce pont entre leur dérive et la réinsertion, l'humble Robin des bois réparant l'arc fêlé de la République.

Ce synopsis escamote l'inévitable étape entre la plainte de Claire et la promenade de Fleury-Mérogis : mon procès. Dans mon imagination aussi, je préférais l'éluder. Quel que soit le scénario, ce procès ne pouvait que virer à la débâcle. Il aurait entériné la ruine sociale que mes mensonges m'avaient jusque-là évité. L'infamie qui en aurait résulté me coulerait définitivement. Surtout, j'étais certain de ne pouvoir affabuler : j'ai trop menti dans mon tribunal intérieur pour mentir devant un vrai. Ma sincérité m'enfermerait dans le péché, que j'avouerais autant que j'accepterais le verdict – sans faire appel. Je le devais à Claire, et plus encore à moi. Le devoir de lucidité restait mon ultime manteau avant le zéro absolu, la dissolution cosmique.

Logiquement, ces menottes invisibles m'éloignaient des autres. Simuler l'insouciance me réclamait une énergie titanesque. Les gens m'apparaissaient de plus en plus lointains, comme je devais moi aussi renvoyer l'impression d'une distance déroutante et pour tout dire inexplicable, puisqu'elle ne se mesurait pas entre les corps mais sous la peau, dans l'espace entre la chair et l'hôte qui s'en était éclipsé. Je crois avoir réussi à masquer ces troubles. Au *Figaro*, rien ne me laissa soupçonner que j'éveillais des doutes ou que je nourrissais des ragots. Heureusement, car la rédaction paramétrait une normalité qui m'était nécessaire. L'exactitude m'oblige à admettre qu'elle tenait d'abord à celui qui lui donnait toute son âme : Frisbee. Il fut, après Boomerang, le second chien de l'assistant du service.

Diego avait remplacé l'ancienne secrétaire en 1997. Le poste avait été laissé vacant par la direction, vraisemblablement pour réaliser des économies de bouts de chandelle, en attendant nos récriminations pour embaucher ce successeur qui fut Diego. Acheter les billets d'avion, réserver les nuits d'hôtel et les restaurants, prémâcher les notes de frais : le poste était stratégique. Diego avait dû le comprendre, soutirant ainsi l'extravagante dérogation de travailler avec son chien. Il avait même réussi à faire admettre cette entorse au règlement intérieur par tous les journalistes du service, qui accueillirent ce nouveau couple avec des sourires amusés. Il fallait voir Diego sortir en majesté de sa 4L rouge tomate, sur le pare-brise arrière de laquelle il avait collé un autocollant prévenant « Plus je connais les hommes, plus j'aime mon chien », puis débarquer au service apprêté comme pour monter les marches du Festival de Cannes, diva saluant chaque bureau en chantant des *buenos dias*, des *comment tou va ma belle*, une main tenant sa tasse à maté et l'autre, la laisse de Boomerang.

Employé auprès de ma section Maghreb-Moyen-Orient, il était mon subordonné. Notre éloignement initial tenait à cette position, autant qu'à un agacement pour Boomerang, petit chien aux poils longs dont l'air déjà stupide aurait pu se passer de la couette qu'un toiletteur dressait chaque mardi sur sa tête. Par chance, une infection urinaire l'acheva à l'été 1999. Elle faillit aussi achever Diego : son état dépressif courut jusqu'à Toussaint. Le service passa plusieurs semaines rythmées par le hoquet de ses pleurs, qui alertèrent jusqu'à la médecine du travail. Il revint de son arrêt métamorphosé, avec un nouvel être à qui personne n'aurait eu le cœur d'interdire l'accès au journal. Frisbee débarqua la semaine même où Claire me quittait. Je ne sais quelle part tient à mon propre désarroi, ni celle qui revient à l'attendrissement que ce carlin m'arracha. Je n'aimais pas les chiens. Ni ne les détestais : n'ayant jamais vécu avec l'un d'eux, cette compagnie m'indifférait, et encore plus l'infernale passion que les maîtres leur vouent.

Frisbee extorqua donc ma tendresse malgré sa laideur – pattes courtes, gros tronc, face fripée. Comme tous ceux de sa race, il avait les yeux plus gros que le crâne. Ils en sortaient, tels deux globules. Ses babines molles pendaient. Elles ne tenaient pas sur sa face écrasée, trop petite aussi pour son nez. Ça le faisait ronfler, ou ronronner, ainsi que j'assimilais ce bourdonnement dans mon dos. Ce radiateur me réchauffait (je dis cela par assimilation au bruissement de la chaudière de Thiais, qui rassurait mes nuits d'enfant). Cette chaleur émise depuis les gros coussins que Diego lui avait disposés avec un soin de groom, j'en connaissais les moindres variations. Je savais quand Frisbee dormait, quand il s'éveillait, moment où je me retournais pour jouer. Venant me titiller – attitude dont Diego faisait un signe d'élection –, je lui jetais un stylo-bille qu'il me rapportait. J'achetai un ballon en mousse quelques semaines plus tard, convenant avec Diego que l'encre du Bic serait fatale s'il la croquait. Ses dents étaient minuscules mais tranchantes.

Une bascule se produisit lorsque je me mis à penser à lui sur la route du travail. Frisbee me faisait la fête à chaque arrivée. Le reste de la journée, je multipliais les minipauses pour le caresser. Conscient du terrain délicat où Frisbee m'engageait, je pris garde à maintenir une distance avec Diego, limiter les familiarités, exiger que son chien cesse ses promenades solitaires à travers tout le journal – ce qui était un moyen de m'assurer qu'il resterait tout près. Car Diego abusait un peu, lui aussi, ne respectant pas l'engagement à faire dresser son chien. Ce qui se traduisait par quelques « dérapages », comme il euphémisait les incontinences de Frisbee qu'il nettoyait immédiatement, mais dont la récurrence avait blanchi la moquette grise, formant une curieuse auréole au coin de la pièce.

La digue hiérarchique m'obligeait à développer une stratégie clandestine. Après quelque temps à me l'interdire, je cédai : je remontai de la cantine un petit morceau de viande que j'offris en cachette à Frisbee. Petit à petit, je me mis à profiter des innombrables pauses cigarette de Diego, trop nombreuses pour convier à chaque fois Frisbee. Je me demande même s'il ne passait pas plus de temps sur le trottoir de la rue du Louvre qu'à son poste, où il fumait ses Vogue par deux, au motif que la vie était mieux à deux.

Frisbee fut mon partenaire de célibat, mon compagnon de détresse. La seule affection sans peur, sans attente, sans déception. Vous vous demandez pourquoi je n'achetai pas de chien. Un Frisbee à la maison, pour les soirs de misère. Oui, pourquoi pas ? Je ne l'ai pas fait, ligoté par cette increvable conviction qu'il pourrait toujours m'arriver quelque chose. Une délivrance, un paradis, bref : ces miracles qui réclament d'être attendus libre. Sans la contrainte d'un chien, d'un enfant, de parents. Je restais libre pour rien, je sais. Que faire quand l'inaction promet plus ?

Frisbee ne gâterait jamais ces aspirations. Mieux, il les accompagnait sans rien me demander. Je le lui rendais, planquant une boîte de croquettes dans le tiroir du caisson de mon bureau. Je lui en donnais quelques-unes lorsque Diego s'éclipsait. Un embonpoint suspect commença à l'enrober. Diego s'en inquiétait, sans avoir l'idée de me soupçonner. Persuadé que cette suralimentation venait de sa mère (chez qui il le laissait les week-ends, de peur que les nuits de discothèque n'épuisent prématurément sa santé fragile), il ruminait tous les débuts de semaine contre celle-ci.

La confusion me permit d'offrir mon aide : déjeunant plus tôt, je lui proposai de promener Frisbee après mon repas, ce qui doublerait son quota de sorties en milieu de journée. Cette unique entorse à notre relation professionnelle me parut acceptable. Diego, enchanté, approuva l'idée. Frisbee me fut ainsi réservé une vingtaine de minutes par jour, comme dans une garde alternée. Ce plaisir excédait infiniment les ricanements de la hiérarchie me voyant revenir du quai de la Seine. J'avais pris l'habitude de l'y emmener. Ce n'était qu'un aller-retour au bout de la rue, une poignée de minutes par-delà la barrière des espèces où, caché des autres, je nettoyais au sérum physiologique ses gros yeux secs qui manquaient de larmes.

V

À quoi ressemblerait une vie sans horloge et sans miroir ? On ignorerait son âge, laissant couler les années sans crainte, enfin débarrassé de l'obsession de l'apparence, du malheur de devoir ausculter chaque pique du temps. La différence entre quarante-sept et soixante-quatre ans n'existerait plus, ni les crises des décennies. On n'aurait de visage que le sourire des autres. J'aurais tant aimé que ma relative laideur m'épargnât les malheurs du reflet. Mais même les gens comme moi redoutent l'apparition des rides, le blanchissement, l'affaissement général du torse (pectoraux, ventre). La vieillesse est d'abord la perte des symétries. Il faut bien identifier des seuils, des transitions : pour moi ce fut à quarante ans, âge auquel je quittai le long plateau de la jeunesse.

Naître en 1961, c'était fêter ses quarante ans dans le bain des zéros. La nuit du 31 décembre 1999, veille de ce nouveau monde, les Champs-Élysées ressemblaient à une Exposition universelle commentée en direct. Quelques semaines après la perte de Claire, je fêtais le réveillon chez des amis, à la campagne.

Nous y étions quand même, sur l'avenue, pendus à TF1 sans parvenir à décrocher – la musique attendrait. Nous voulions voir, un peu ahuris devant ce spectacle sans objet. Je me souviens de longs échanges creux entre Patrick Poivre d'Arvor et Claire Chazal. Après quelques minutes de pyrotechnie sur la tour Eiffel, elle reprit la parole pleine d'enthousiasme pour souhaiter quelque chose, mais quoi, bafouillant des espérances – être heureux, libre, suivre ses passions. Place de la Concorde, la caméra se focalisa sur la grande roue, sa circularité infinie qui écrase les ans comme les gens.

Cette nuit-là, j'effectuai avec effroi une rotation dans mon espace mental (car le temps se cartographie dans mon esprit, qui y voit immanquablement des symboles, des récurrences, des césures, de petites fictions pour ordonner la dérive) : le pic des années 1990 s'ouvrit sur une sorte de trou. Quelques malins rappelaient que le vrai changement de millénaire adviendrait le 1er janvier 2001, mais ces mathématiciens ignoraient que l'essentiel était là, dans ce terrain lunaire ne laissant aucune place à leurs raffinements. Il faudrait se débrouiller avec ces années sans allure, suite de chiffres sans la noblesse de ces dates qui faisaient vraiment date, comme 1972, 1928, 1856.

Cette rotation m'ouvrait sur 2001, dont le 11 août marquerait mes quarante ans. Là encore, je m'accroche à des chiffres comme à des bouées crevées. L'anxieux que je suis n'attend pas le demi-siècle pour que se tordent en lui les nerfs de l'angoisse : la bascule était déjà là, 2 x 40 = 80, je serais à la moitié de ma vie. Découvrant une nasse que toute jeunesse veut croire irréelle, j'admettais que les succès et les libertés demeureraient toujours bornés par les deux murs de la même impasse.

Papa prit sa retraite vers cette époque. À quel moment précisément, je ne me le rappelle plus : tout se brouille désormais. Je me remémore seulement avec exactitude la grande fête qu'il organisa à la maison. Papa affichait sa bonhomie habituelle devant ses collègues des Grands Moulins, mais semblait un peu hébété par la routine inédite qui l'attendait – de quoi remplir son oisiveté, quand une laideur constrictrice vous cerne ? Voyage voyage, éternellement : il y avait les nappes en papier, les chips écrasées dans l'herbe, les gobelets levés, et nous étions tous heureux et tristes car le temps nous comprimait un peu le cœur.

Ce qui me ramène invariablement aux après-midi d'école, lorsque la pluie tombait dans la cour déserte et nous jouait, à travers les grandes vitres de la classe, son tambour berçant. Les jours de pluie et d'ennui, l'odeur plastifiée, impressionnante, des protège-cahiers et des cartables neufs : ces parfums scolaires s'associent à chaque retour chez Papa et Maman. J'y retrouvais mon lit à l'âge préhistorique et ma chambre pleine de vestiges adolescents, coincée dans un état intermédiaire entre l'usage et le musée, temple d'un ancien temps dont le visiteur unique était la nostalgie de mes parents y faisant le ménage, comme si.

Si cette fête me marqua, ce n'était pas pour la présence de ces amis qui s'écriaient jadis que *j'avais grandi* et devaient à présent constater ma disgrâce croissante – elle était sûrement devenue exponentielle depuis la rupture avec Claire, l'anxiété ne pouvant qu'accélérer mon vieillissement. Je m'en souviens d'abord pour une scène survenue la veille, dans la cuisine. J'étais arrivé le vendredi pour préparer la fête ; Anne nous avait rejoints le samedi. La perspective du dimanche réanimait d'antiques positions familiales, finalement agréables, où nous, enfants, obéissions et aidions. Au détour d'un geste, Anne détacha ses cheveux. Elle avait cessé de les colorer. Alors que Maman, otage des teintures, n'avait jamais eu le moindre cheveu blanc, Anne avait décidé de les accepter. Et son acte courageux, dissimulé dans la nonchalance d'un geste anodin, nous avouait : *oui, je vieillis*.

Pour la première fois, je vis le crépuscule s'insinuer chez nous. N'y voyez rien de terrifiant ; ce n'était qu'une présence là-bas, au fond. Comme les prémices d'un tsunami, lorsque la mer se retire au loin et qu'on ne voit longtemps qu'un liseré blanc s'approcher. Et nous, les Pépin, allions être paisiblement engloutis. Je mesure ce que cela peut avoir de ridicule, *Les Pépin engloutis* – notre destin devenait un titre de parodie. Mais le temps nous emportait trop vite, comme ces époques qui se sont ratatinées dans nos existences. Naître sans télévision, mourir avec Instagram. Comment échapper à la nostalgie, quand tant s'est enfui de nos propres vies ?

Le dimanche, encore remué par la veille, je ne remarquai que les traces de cette prochaine apocalypse : tout avait mûri plus vite que son époque. Ainsi, les biceps de Papa se rétractaient, il commençait à avoir les muscles si bizarres des anciens. Les phalanges de Maman avaient grossi. Chez les amis de Papa aussi l'âge creusait, atteignant ce cap où les cheveux ne poussent plus sur la tête, mais sortent par les oreilles et le nez. Bernard, qu'un pantacourt trop large rapetissait, se voûtait à vue d'œil. Sur son crâne, des taches brunes avaient jailli à la façon d'un pop-corn. Sa tête luisait comme un soleil. Quelques-uns avaient l'âge beau, tel Richard qu'on surnommait Ricard, dont la bouche était pleine de ces plombages argentés du siècle dernier. Sur lui, les marques du temps s'étaient abattues avec tendresse. Il continuait à dire qu'il aimait *les femmes*, avec l'air émerveillé de qui est épris d'un pays lointain. La bande taquinait depuis toujours cette soif inépuisable, heureuse de cette constance donnant une certitude à laquelle s'agripper.

Cette fête, je ne l'ai pas vraiment vécue. Anne et son geste l'empêchèrent. J'avais regardé Papa toute la journée. C'était bien comme ça : j'en avais mieux profité. J'actualisai la réalité des années écoulées et j'anticipai, pour ne plus jamais me retrouver piégé. Dans mon regard, Papa ne se tenait pas seulement au milieu du jardin, entre les chaises, ses collègues et leurs cadeaux, enlacé par les bras rassurants de notre haie. Il devenait *entouré de temps*, enveloppé par nos souvenirs de gymnase ondoyant là-bas, sur le portail du voisin, les étés au camping qui flottaient à côté du lampadaire, les millions de matins avant le travail, les millions de soirs après.

Il y avait aussi, déployée telle une enluminure, toute sa jeunesse, sa vie d'avant moi qui se perpétuait par les récits édifiants qu'il en livrait. Ces chroniques exaltées, scintillant d'un accent d'épopée, bâtissaient la genèse mythique, âge d'or qui avait eu son service militaire, ses bringues, ses soirées de dingue. À l'antipode de ce cosmos à nous qu'était l'espace autour de la maison, du côté où la perspective avait été bouchée en 1974 par une nouvelle tour, il y avait l'envers du temps : Papa s'avançant dans le tunnel sans fin, entouré de nos présences momentanées après lesquelles chacun s'en irait. Et aujourd'hui il était là, à l'exact milieu de l'immense panorama cerné par ces deux confins, seul et émouvant au milieu des autres, lui aussi redoutant le grand danger dont tout le monde s'effraie, en secret.

Avec Papa, nous traversions l'existence dans une relation polie, jamais intime. Il aimait l'ordinaire, s'y accrochait radicalement. C'était une forme de réponse au chaos, qui impliquait que nos relations se maintiennent dans la stricte banalité d'un amour sans effusion, à la flamme tiède. De l'ordinaire, Papa chérissait l'ordre. Son visage même en témoignait : il demandait à Maman, qui s'en hérissait, de couper ses pattes à l'exact niveau de la monture de ses lunettes. Il laissait tous les soirs ses affaires du lendemain sur une chaise dans l'ancienne chambre d'Anne, la ceinture enroulée sur ses vêtements pliés. Avec le temps, il prit l'habitude de dormir dans son lit simple. Il avait trop chaud avec Maman, qui transpirait la nuit.

À chaque passage au supermarché, il conservait méthodiquement les tickets de caisse. Il tenait un carnet d'épicier qu'il mettait à jour sitôt rentré, puis stockait chaque papier dans des chemises classées par mois et par années. Au voisin, il prêtait sa tondeuse contre le taille-haie. Les outils étaient la monnaie de leur sociabilité. Il aimait rendre service. Mais un tracas mordillait son visage quand il l'entendait utilisée. Il recevait *L'Équipe* chaque matin, qu'il lisait scrupuleusement de la première à la dernière page. En revenant à la maison, il manœuvrait toujours pour garer la voiture dans le sens de la marche. Franchir sa porte l'esprit tranquille n'avait pas de prix. Ainsi, il préférait perdre du temps en avance.

L'avance était son autre épouse. Être effleuré par l'hypothèse d'un retard lui inspirait autant d'épouvante que le veuvage. Papa était donc excessivement en avance. Cela nous infligeait une contrariété qui était pour lui une liberté. « Peinard » était son adjectif favori, celui qui justifiait n'importe quelle manie. La sensation d'avoir évité un encombrement lui procurait une joie extrême, qu'il s'empressait de partager. Il adorait aussi faire ratifier ses bonnes idées, être certain que nous appréciions à la même mesure le paysage, le dessert, et plus encore quand ce choix s'était doublé d'une seconde initiative, comme avoir désobéi au tracé d'une promenade dont il avait risqué une variante.

Ces sécurités contre l'inattendu le tranquillisaient. Elles fusionnaient avec les névroses de notre société. Logiquement, Papa soutenait toute mesure gouvernementale de prudence – les glissières sur la chaussée, les limitations de vitesse, l'obligation nouvelle des ceintures de sécurité. Je donne à dessein des exemples routiers : la voiture était le joyau de son empire de l'ordre. Papa consacrait à cet engin une attention extrême. Il mettait un soin d'orfèvre à la nettoyer, l'entretenir, prévenir la moindre panne. C'est la raison pour laquelle il la bourrait d'essence, terrifié dès que l'aiguille du compteur passait sous la moitié du réservoir.

Dans ce contact à la matière, Papa rangeait ses heures nues, ses angoisses peut-être. Chaque centimètre de l'habitacle avait une attribution. Jusqu'à la rainure du frein à main où il plaçait le jeton pour le Caddie. Jusqu'au pare-brise sur la bordure duquel il disposait les vignettes en une colonne d'hexagones à la géométrie parfaite, brisée en 1986 par le changement de forme qui l'avait, j'en suis sûr, aidé à se séparer de la Peugeot 504. Mais pas de ses vignettes apposées telles des bougies sur chacun des âges de nos enfances, de nos présences. Il les avait toutes conservées, comme si ces autocollants avaient accroché sur eux le passé en colorant les années. Il y eut pire que l'arrivée de ces vignettes rondes : leur fin en 2000, qui coïncida avec sa retraite. Cette suppression l'avait peiné. C'est Maman qui me le confia, elle aussi navrée devant l'effacement du support mémoriel de ses futures années.

Moi, je compatissais sans m'émouvoir, parce que je ne pouvais réellement le comprendre. Ce que je cherchais dans la propulsion, Papa le trouvait dans l'immobilité. Lui aussi se prenait pour Dieu, à vouloir arrêter le temps avec ses routines. À toujours faire pareil, à ne jamais rien changer. Comme si le doigt des habitudes pouvait éternellement fermer la bouche du malheur.

Nos vies étaient centrifuges. Je crois que nous le savions tous les deux, et que cela configurait notre affection. Une relation fusionnelle peut admettre une part de destruction. Pas la nôtre : notre amour courait déjà après l'éloignement. Ne devant rien brusquer, cette affection n'exposait que son écorce de timidité. Elle s'encombrait d'obligations que nous n'osions abréger, de précautions jamais discutées. Papa adorait le foot et, toute mon adolescence, je m'obligeai à regarder avec lui les matchs du samedi, feignant de n'avoir pas changé depuis mes dix ans, moment où ce sport m'avait un peu passionné. J'aurais pu lui dire, il aurait compris. Peut-être qu'il comprenait d'ailleurs, et qu'il me ménageait cette façon d'être là.

J'avais commencé une collection de vignettes Panini pour la Coupe du monde 1970. C'est lui qui m'avait offert l'album, avec sa couverture inoubliable : la carte du Mexique en rouge, un médaillon représentant l'aigle dévorant un serpent et MEXICO 70 en gros. Je lui réclamais les pochettes à chaque passage à la presse, ces pochettes orange où se côtoyaient un ballon et un sombrero, magiques comme l'aura que j'ai toujours attribuée au chevalier élancé du logo Panini. Mon engouement enfantin s'en alla vite, mais Papa continua de m'acheter les albums de chaque nouvelle compétition : München 74, Euro 76, Argentina 78. Il n'osa pas m'offrir celui de l'Euro 1980 par peur de m'infantiliser. J'étais né en 1961, et Valéry Giscard d'Estaing venait de me rendre adulte en abaissant la majorité à dix-huit ans. J'achetai l'album moi-même, me créant sans y penser une obligation à vie. Car Papa, transporté par mon initiative, se donna en retour le devoir d'agrémenter chacun de mes passages à Thiais par des pochettes de cartes qu'il m'offrait. Depuis vingt ans, j'entasse précieusement ces albums formant de minces couloirs par-delà les distances et les années, coursives où l'amour circulait à travers des objets, à l'image du maillot de l'équipe d'Irak que je lui avais rapporté.

*

Voilà presque trois ans que je vivais de nouveau seul. Novembre 2002 : la prescription se profilait. Dans ces ultimes semaines, il devenait évident qu'il n'y aurait pas de plainte. Malgré la torture mentale que furent ces trois années, j'éprouve une gratitude pour Claire. Elle m'avait seulement infligé une peine bizarre où l'attente s'était appelée : sursis. J'avais dû vivre dans cet intervalle de coupable libre, de condamné sans procès, dont une psyché ne sort pas indemne. La mienne, du moins, puisque j'avais tu ce péril et ma détresse, je l'avais séquestrée en moi.

Cette apnée avait rendu ma vie sociale pénible, quand ce n'était pas ma vie mentale même. Je me relâchai enfin dans ces derniers mois, mais tressautai un matin dans le métro en levant les yeux sur une campagne d'affichage contre les violences conjugales. L'impression d'être dévisagé en paria me fit sortir, d'asphyxie. Je pris un taxi. J'étais devenu le passant honteux se promenant nu, comme dans ce rêve universel dont on se réveille le cœur serré d'inconfort. Chaque mètre avant la délivrance demeurerait intranquille, et deviendrait même tempétueux à cause des remous au *Figaro*. L'amitié sans encombre des collègues, ma petite autorité de sous-chef, l'affection de Frisbee :

la rédaction avait été mon havre, jusqu'aux ennuis qui gâchèrent l'année 2002.

Nos ventes déclinaient. Les revenus de la publicité aussi. Une nouvelle concurrence arrivait : *Metro* lançait le premier quotidien gratuit. On le méprisait, mais il faut avouer qu'il nous effrayait. Ces ballottements nous crispaient d'autant plus que la première incertitude venait d'ici, ou plutôt d'*en haut*, ainsi qu'il devint convenu d'appeler la direction. Une tempête ne s'affronte pas sans capitaine. Nous savions, après la mort de Robert Hersant en 1996, que ses héritiers ne tenaient plus au titre acquis par le patriarche vingt ans auparavant. Une revente se murmurait depuis plusieurs années.

Cette crainte voltigeait dans les couloirs, invisible et partout comme un microbe. Dont le nom était connu de tous : Serge Dassault. Les propriétaires l'avaient repoussé en 2000, repeignant ce rejet en preuve de fidélité. Le mensonge tomba en janvier 2002 : Dassault prit 30 % de la Socpresse. La maison-mère du groupe, nous la renommions Tocpresse entre nous, certains que les fausses promesses ne servaient qu'à dissimuler l'inéluctable. On ne vend que des biens propres. Le nettoyage finirait bien par arriver. La javel portait un nom délicat : plan de performance et de compétitivité. La direction préférant esquiver une date fâcheuse, le projet fut annoncé un 2 avril, et avec tant de circonvolutions verbales qu'une seconde réunion, demandée par les syndicats, fut nécessaire pour connaître le nombre exact de licenciements.

Trente postes étaient visés. La baisse des ventes était pratique : elle validerait le motif économique du plan.

Je me savais épargné, le grand chef de la rédaction me l'avait assuré. Ma fonction à responsabilité me valut d'être convié quelques jours plus tard à un « séminaire sur l'excellence des services de la rédaction et leur avenir » où j'appris ce que ses pleurs annoncèrent à tous l'après-midi : Diego devrait nous quitter, ainsi que la moitié des assistants.

Leur poste était la cible facile de la rafle, parce que nous nous approchions d'une révolution magnifique, qui donnait pourtant des diarrhées à toute la presse. Un horizon dont même le nom n'était pas fixé, puisque les vieux appelaient encore télématique ce que ma génération qualifiait d'informatique. Modem, AOL, Encarta, CD-ROM, Wanadoo : des mots du futur étaient jetés dans ces discussions, si neufs que personne ne savait vraiment ce que signifiaient ces promesses à peine déballées. Ce futurisme servait d'excuse aux profits d'aujourd'hui, aux rentes de ceux qui avaient menti. Leur cruauté me révoltait, et plus encore la perspective effroyable qu'elle instituait : le malheur de Diego, le départ de Frisbee. On ne me volerait pas sans bataille mon compagnon d'exil. J'avais caché ma détermination à Diego. Mes phrases hésitaient, pour ne pas trop m'engager : je verrai ce que je peux faire, je te promets rien. Voilà ce que j'avais répondu à son désespoir, moi-même démuni devant les sanglots qui avaient étalé du noir sur ses joues.

Dès le lendemain, j'exigeai un échange avec Jean-Luc, le rédacteur en chef du service international. Il me répondit qu'il regrettait lui aussi cette décision, qu'elle venait d'*en haut*. Lui-même songeait à partir, me confia-t-il pour preuve de sa bonne foi. En me faisant jurer la discrétion, il m'avoua être en négociations avec *L'Express*. Je dus calmer Diego, qui ne crut pas un mot de cette impuissance, persuadé que celui qu'il avait rebaptisé Jeancoule mentait, que cet homophobe voulait sa peau. J'assistai à une métamorphose impressionnante. Une rage redressait cet homme s'effondrant la veille dans mes bras, ce qui faisait bondir Frisbee sur ses genoux, et m'obligeait à le calmer en rappelant la finesse des parois vitrées de la salle de réunion. Je ne m'en dépêtrai qu'en jurant d'aller voir ceux d'*en haut*.

Moi, le sous-chef sans le moindre mandat syndical, je me retrouvai à solliciter un rendez-vous avec la direction pour récuser un plan social. La boule au ventre, comme si mon sursis pénal n'y avait pas mis assez d'acidités, je montai vers les cimes hiérarchiques. Les grands aiment contraindre leurs subordonnés à s'élever. Parvenu au sommet de ce Kilimandjaro haussmannien, j'obtins une courte entrevue avec le n° 2. Je le connaissais un peu, c'était un ancien du service. Il me chuchota que les actionnaires leur avaient transmis un message ferme : le périmètre du plan n'était pas négociable. Cette purge était le prérequis de la prise de contrôle de Dassault, qui acceptait en échange de renchérir le prix d'achat de leur part du capital. Chut, ça restait entre nous. Ce secret, je ne l'ébruitai bien entendu à personne, surtout pas à Diego. Mais je me laissai aller un matin, devant la machine à café où Mireille n'y prenait que du thé.

Avec elle, nous avions gardé l'habitude de ces pauses malgré l'épopée de l'euro achevée. Je m'étais attaché à elle par la force des années. Plus certaine que jamais de l'Apocalypse, les manigances financières d'*en haut* avaient procuré un mazout inattendu à sa fabrique verbale. Ce jour-là, elle s'emportait contre la victoire, sur nos mots, des nombres incarnés par ces financiers. Elle y voyait le nouveau signe d'une époque biblicide : l'Évangile de Jean ne disait-il pas qu'au commencement était le Verbe ? Mireille ajoutait qu'à la fin serait le Chiffre. Elle avait un compte à régler avec les nombres, car elle situait très précisément l'origine du déclin de l'Occident à l'invention de l'horloge mécanique. Les fautifs étaient donc les moines, ces indignes commis de Dieu qui avaient soumis le rythme des jours aux intervalles abstraits des aiguilles. On ne travaillerait plus au lever du soleil, mais à 8 heures. Ça l'énervait beaucoup. Et moi, hypnotisé par ces flammes toujours inattendues, je lâchai l'allusion fatale en oubliant l'essentiel. Mireille prenait part aux négociations en tant qu'unique représentante de Force ouvrière.

Cet engagement tenait de la bizarrerie. Laquelle ne m'étonnait même plus : Mireille était pleine de ces curiosités. Elle ne parlait que du Christ, tout en adorant les maximes islamiques. Elle aimait déballer ce fragment de verset à qui avait – à ses yeux – péché : « Fais attention, Dieu est plus proche de toi que ta veine jugulaire. » Lectrice assidue de *Convergences révolutionnaires* (les numéros traînant sur son bureau désopilaient ses collègues de l'économie), elle était simultanément révulsée par la démocratie. Elle la tenait pour le règne des masses et de la vulgarité. Elle réclamait un roi. Un vrai, pas un pourri à l'image des fins de race (c'était son expression) que furent Louis XVI, Louis XVIII ou Charles X : elle attendait une sorte de roi sacré. Elle cita quelquefois l'empereur éthiopien Hailé Sélassié, c'est-à-dire le ras Tafari. Qu'il ait incarné l'un des rares messies modernes lui plaisait, même si elle n'était pas jamaïcaine et encore moins adoratrice de Bob Marley.

Pour le reste, ses descriptions floues rendaient cette attente indéfinissable. Cet horizon était avant tout confus pour elle qui, obsédée par la Bible et les rois, se proclamait anarchiste et athée. Comme si, à force d'attendre des miracles, elle préférait croire à leur impossibilité. Ses modèles étaient toujours des hommes, mais Mireille ne cessait de les incriminer. Les technocrates, les rois, les moines, jusqu'aux premiers paysans. Elle datait la grande chute du début de l'agriculture, disait que les hommes s'étaient mis à posséder la terre et le corps des femmes, et que tous les asservissements naissaient de ça. Cette théorie, elle la tirait d'une lecture occulte. Elle en retint une autre affirmation inattendue : le péché d'Adam et Ève, dans la Genèse, ne serait qu'une parabole de cette bascule préhistorique.

De ces mélanges improbables naissaient des passions étranges, essentiellement dénichées en Russie. Ce pays, elle ne l'étiquetait pas ainsi : son label favori était « l'âme russe », sésame menant à tous les mysticismes, à toutes les folies. Une année, elle s'était lancée dans une série d'été sur les grands criminels soviétiques. Celle-ci avait été soufflée par la direction du *Figaro*, dont l'addiction pour les névroses du monde communiste avait croisé la fascination que Mireille éprouvait pour Andreï Tchikatilo. Elle avait pu raconter, sur une pleine page, les mille et un détails qu'elle avait accumulés dans son coin sur « l'ogre de Rostov » : les pannes sexuelles qui auraient façonné son psychisme diabolique, ses cinquante-deux victimes officielles, les dizaines d'enfants violés, mutilés, tués, sa passion pour l'énucléation et la dévoration post mortem des organes sexuels, la balle officielle qui, en 1994, lui avait crevé la cervelle. Dans Tchikatilo, je la suspecte d'avoir encore décelé un Magog envoyé par Satan, un chevalier du Mal annonçant la bataille finale. Mireille était subjuguée par ces trous dans lesquels l'humanité avait l'air de se nier.

Elle s'émerveillait aussi des montagnes intellectuelles qui entraîneraient sa raison au bord de l'abîme. Une fois, elle m'avait confié passer une demi-heure chaque jour à décortiquer l'une des œuvres les plus illisibles du XXe siècle : les *Principia Mathematica* d'Alfred North Whitehead et Bertrand Russell, dont je n'ai jamais compris le sujet malgré ses explications – hormis qu'ils relient les mathématiques et la philosophie. Car les mathématiques comblaient évidemment son goût pour les extrémités mentales. Elle adulait Alexandre Grothendieck et le groupe Bourbaki (je la soupçonne d'avoir rêvé en faire partie), et plus encore Georg Cantor, qui avait eu le bon goût de naître à Saint-Pétersbourg et surtout de lancer l'assaut sur son grand tourment : l'infini, qu'il transforma au XIXe siècle en objet mathématique. Mireille devait absolument mettre quelque chose derrière le voile du réel ; s'il n'y avait pas de dieux, qu'il y ait au moins des nombres. Avec Cantor, elle pouvait numéroter l'infini. Théorie des ensembles, nombres transfinis : elle vénérait ses outils comme des cadeaux, héritait de ses apories comme on assume une dette de famille. Le « problème du continu » la préoccupait sérieusement. De cette sorte, tout la faisait vivre.

Tout, je veux dire n'importe quel sujet de grimoire dont la seule évocation inspirerait à n'importe qui un ennui mortel. En se posant ces problèmes surhumains, elle vivait au-dessus des autres – donc toujours un peu loin d'eux. Ainsi, les années déposèrent sur elle une croûte de rudesse. J'avais fini par l'apprivoiser : nos solitudes se comprenaient. Au journal, j'étais l'un des seuls à m'en accommoder. Ma bienveillance était l'impôt de cette récréation quotidienne. Le relâchement me fut fatal, ce jour où je trahis la confidence sur le plan social.

Je ne dévoilai pas tout à Mireille. La simple allusion au jusqu'au-boutisme des actionnaires suffit pourtant à l'embraser. Et presque à motiver une croisade, puisque je découvris qu'elle éprouvait une inexplicable sympathie pour Diego. Il semblait déjà extravagant que deux êtres si dissemblables pussent naître sur une même planète, mais en plus ils s'appréciaient. Car cette connexion était réciproque. *Connexion*, c'était le mot que je leur avais dit. Cette métaphore branchée m'arrivait des publicités pour l'ADSL tapissant à cette époque les couloirs du métro. Ils acquiesçèrent, heureux devant l'évidence et l'énigme, qui devait se résoudre dans les méandres de cette périphérie sociale où les marges finissent par se rejoindre. Cette croisade avait pour quartier général un café de la rue du Louvre. Nous nous y retrouvions chaque semaine, Mireille, Diego, Frisbee et moi. Elle tenait ses quatre cavaliers de l'Apocalypse.

*

Les délégués syndicaux avaient trente collègues à sauver. Nous nous partageâmes le travail : Mireille appuierait Diego dans les négociations, je ferais la liaison et l'aiderais à bétonner son dossier. Avec toutes les réunions, Mireille n'en avait pas la disponibilité. Officiellement, du moins. Une nouvelle confidence me révéla l'autre moitié de son emploi du temps. Je lui livrai ma détresse lors d'une pause-café. À mots couverts, bien sûr : je traversais des difficultés, la séparation avec ma compagne pourrait me valoir des ennuis judiciaires. J'avais toujours pris garde à ce que notre affinité se préserve de toute familiarité – et, plus encore, d'intimité.

Cet épanchement sembla stimuler chez elle une commande désensibilisée depuis des lustres, une zone dont elle pensait peut-être ne plus faire usage mais qu'elle conservait tel un membre fantôme. Mireille se transforma en missionnaire, déterminée à me *sortir de là*. C'était sa formulation pudique pour justifier l'envie de m'approprier à travers mes problèmes. Elle se mit à m'en parler à toutes les pauses-café, multipliant les conseils, comme si son expérience affective le lui autorisait. Elle se mua en une sorte de louve qui se jurait de veiller sur moi. Une maternité me tombait dessus.

Chez elle, tout était médiatisé par du savoir. Ses conseils aussi, qu'elle enrobait dans des livres aux titres pleins de mystère – principes de la science sacrée, tradition primordiale, accomplissement spirituel pour devenir un Être total. À force, cette substance infusait. Tout homme est déjà complet, il lui suffit de se trouver : de telles conceptions ne pouvaient que me pénétrer. Je découvris que j'avais tout en moi, que mon être contenait un monde. Selon la mécanique infinie des analogies, mon microcosme reproduisait le macrocosme. J'avais fini par me croire *Rien*, je redevenais *Tout*. Mais un autre Tout que celui de mon seul égoïsme, du moi pour moi. Je comprenais enfin l'antithèse : le Tout s'atteint en tuant le Moi, pas en le glorifiant. Cela nécessite de se dépouiller, de faire le désert en soi. Car c'est dans le désert que « le soleil trace les Noms divins en lettres de feu dans le ciel ». J'avais aimanté cette phrase sur mon frigo, trouvée dans un livre que m'avait prêté Mireille. De cette littérature, un ouvrage me saisit particulièrement. J'avais ri en voyant ce titre qui résumait ses obsessions – *Les Hommes ivres de Dieu*. Il parlait des anachorètes du IVe siècle errant dans les déserts d'Orient. Leur folie parla immédiatement à ma colère.

Il y avait Antoine, enfermé dans un tombeau pour affronter le Mal ; Pakôme, resté debout pour conjurer un sommeil le détournant de l'ascension spirituelle ; Makaire, qui avait passé vingt jours dans le désert pour ne pas y succomber, brûlé le jour et glacé la nuit ; Makaire encore qui, un jour, écrasa un moustique, c'est-à-dire un morceau de Dieu, et fit pénitence en se laissant piquer, nu, par un essaim, jusqu'à être déformé comme un lépreux. Il y avait aussi Syméon. Il commença sa vie d'ascèse en passant cinq jours au fond d'un puits pour y louer Dieu. Il était dit le Stylite parce qu'il s'était perché en haut d'une colonne pour se rapprocher du ciel et, immobile même dans les intempéries, ses membres finirent par se couvrir de plaies et d'ulcères jusqu'à ce que leur pourrissement en fasse jaillir des vers. Il demandait qu'on lui remonte ceux tombés au sol pour les remettre sur ses plaies, et leur disait : « Mangez ce que Dieu vous a donné ! »

En Pakôme, Syméon et Makaire, je trouvai des frères. Leur révolte intérieure me parlait : au fond, nous la partagions. Mon zèle croissant faisait jubiler Mireille. Un matin, elle m'évoqua une sorte de réunion secrète, me proposant de l'accompagner. J'acceptai – la curiosité me dévorait. Le soir, nous fîmes à pied le chemin depuis la rue du Louvre où, traversant la Seine vers la rive gauche, je ne la suivis pas dans le Ve arrondissement, mais pénétrai dans un continent ignoré. Je faisais irruption dans la géographie secrète de la poignée d'initiés qui, avec Mireille, étaient les rescapés anachroniques de l'âge d'or du Paris occulte. Comme s'ils étaient les derniers locuteurs de l'araméen ou de quelque langue sacrée, ces survivants s'acharnaient à faire vivre un monde qu'eux seuls comprenaient, fuyant l'actuel qu'ils abhorraient.

Auprès de Mireille, je découvris leur topographie parallèle : la librairie ésotérique du quai Saint-Michel, les bouquinistes de Jussieu spécialisés dans la mystique islamique, le siège des Éditions traditionnelles rue des Fossés-Saint-Bernard, et les arrière-salles où complotaient ces citoyens de l'éternité. Ainsi de celle où Mireille m'emmena, rue de l'Épée-de-bois. Intrigante, cette pièce pleine de livres était disposée en cercle de parole. C'est ici que se réunissait chaque jeudi une société secrète qui, ce soir-là, compta une quinzaine de participants. On apercevait, parmi eux, des proches de la revue *Politica Hermetica*, un professeur de l'École pratique des hautes études. Il y avait aussi Claude Tchou, jadis éditeur d'élégants « Guides noirs » de la France mystérieuse. Tout ce monde, que Mireille me présentait en chuchotant, formait « La Onzième Heure ».

C'était le nom de leur groupe né d'une rencontre quelques mois plus tôt, en 2001. Cette année-là, les éditions de L'Âge d'homme avaient traduit un ouvrage paru en Angleterre en 1987. Il avait pour titre *La Onzième Heure. La crise spirituelle du monde moderne à la lumière de la Tradition et des prophètes*. Son auteur était Martin Lings, le conservateur des manuscrits orientaux du British Museum. Mireille m'avait ainsi résumé son contenu : toutes les traditions, orientales et occidentales, convergent pour interpréter la crise spirituelle de la modernité comme le signe d'un cycle qui s'achève, d'un grand bouleversement d'où naîtra un nouvel âge. La douzième heure approchait. Ce cénacle en consignait les indices, glosait sur ce grand sacrifice. Il s'était constitué dans le sillage d'une rencontre avec Martin Lings.

Le traducteur l'avait convié à Paris pour la sortie du livre, et ces semi-inconnus (certains se croisaient déjà dans les arcanes du Quartier latin) voulurent prolonger l'échange. Ils commencèrent à fixer des rendez-vous, à structurer les discussions.

Dans ces réunions, les membres de La Onzième Heure s'exprimaient tour à tour, librement. Aucune règle n'encadrait la discussion, hormis l'interdiction d'interrompre l'orateur. Chacun devait s'adresser à tous, offrant son propos à la parole commune. Les participants étaient cordiaux, et même chaleureux. Mireille m'avait présenté, puis je m'étais tu. L'un d'eux me proposa de prendre la parole. Je déclinai, préférant écouter. Un pays insolite s'ouvrait à moi. Un pays coincé dans un boyau de catacombe, écoutant vivre Paris depuis ses cryptes. Leurs observations me fascinaient. Les avenues et les embouteillages n'existaient plus, uniquement des axes symboliques.

La fontaine Saint-Michel concentra leur attention. Plusieurs s'interrogèrent sur la signification de cette statue aux indices alchimiques évidents – l'eau jaillissant d'une pierre noire, signe des ténèbres originelles, l'épée de saint Michel, les trois vasques renvoyant aux trois purifications du processus. Que cette œuvre trône au milieu d'artères balafrées par le tourisme de masse, ruelles médiévales aux tavernes devenues des temples de la pacotille et de la graisse, les interloquait. Un nouveau, employé de la librairie russe Les Éditeurs réunis, parla du simulacre comme du devenir inéluctable de toute métropole historique.

Paris, dont l'identité constituait la puissance et le piège, n'avait pour seul horizon qu'une autocaricature le vouant à devenir un hyper-Paris. Son intervention déclencha une réflexion sur la nature de la matière, sa dégradation à force de transformation.

À ce moment, Mireille parla pour la première fois. Son argumentation m'impressionna. Elle évoqua une *cheapisation* de la matière, symptôme d'un épuisement plus profond, celui de notre temps. Elle se refusa au pessimisme car, s'appuyant sur des cultures lointaines documentées par des ethnologues, elle avança que la création du monde n'avait pas eu lieu une fois pour toutes, ainsi que nous le croyons en Occident, mais se poursuivait perpétuellement. Tout renaît chaque seconde : je me rappelle qu'elle prononça cette phrase en la jetant superbement, comme tous ses aphorismes. Ce soir-là, je découvris un espoir tapi en Mireille. Elle affirmait, sur la foi de cette genèse perpétuelle, qu'une vie ressuscitait dans les interstices de la matière exténuée, et que la mission de La Onzième Heure était d'identifier ces ferments du cycle d'après. L'âge d'or recommencerait.

Malgré ces exégèses savantes, les discours des membres de La Onzième Heure ne cherchaient pas la grandiloquence. Chacun parlait avec simplicité, et aucun décorum n'engourdissait la séance. Nous étions assis sur des chaises pliantes de salle des fêtes. Il y avait seulement, sur la table basse installée au milieu du cercle, un exemplaire de *La Onzième Heure*, dont la couverture représentait un minotaure enfermé dans un labyrinthe, placé à côté d'une feuille A4. Une phrase y était imprimée.

> LA RÉALITÉ NE PEUT ÊTRE FRANCHIE
> QUE SOULEVÉE.
>
> R. C.

J'accompagnai Mireille à quelques-unes de ces séances. Elles m'intéressaient, mais ne répondaient pas à ma préoccupation – le Tout en Moi. L'intelligence ne me servirait à rien. Seuls les gestes courberaient mon corps, en expulseraient les maux. Un soir en sortant du *Figaro*, j'achetai un manuel de yoga au Virgin Megastore et un tapis de gym au Go Sport des Halles. Ce pack suffirait à m'initier aux hauteurs de l'âme. Enthousiaste, je me fis la promesse de méditer en me levant et en me couchant, à chaque transition entre le jour et la nuit. Cette assiduité serait le prix de l'apaisement. Et elle fonctionna : après deux semaines à dérider mes membres, je réussis enfin à tenir la position du lotus. Je sentis le relâchement, une sorte de consentement inédit.

Mais je ne discerne pas l'autoconviction de la réalité des effets. Car je parvenais mal à me concentrer. Prêt, en position, les yeux fermés, ce n'était pas un nirvana que j'entrevoyais, seulement des bêtises. Même pas des tragédies, simplement des pensées parasitant le chemin vers la libération. Le Bouddha n'avait pas d'aspirateur à passer, ni de restaurant à réserver.

Moi, je pensais à ces banalités. Mes séances finirent par se raccourcir. Vingt minutes finirent en cinq, sans compter les oublis.

Je m'en ouvris à Maman, qui me répondit elle aussi en me donnant un livre. Par une conjonction amusante, elle s'intéressait à ce genre de choses. Un peu spirituelles, mais pas religieuses hein, prévenait-elle chaque fois qu'elle en parlait. Sa révélation à elle venait d'un livre offert par une cliente du salon de coiffure, *Le Pouvoir du moment présent* d'Eckhart Tolle. Transportée, elle l'avait à son tour offert à la moitié de la famille. Sauf à moi, parce que je m'étais moqué de cette Bible pour lectrices de *Marie Claire* dont le seul pouvoir du moment présent était celui de son auteur, enrichi par des millions de bonnes femmes (j'avais dit quelque chose comme ça). Maman en avait été meurtrie, et c'est également pour cette raison que je lui confiai mes tentatives d'éveil spirituel. Elles lui donnèrent la sensation rétroactive d'avoir raison, d'autant plus qu'elle s'obstinait dans cette voie. Elle incubait cette nouvelle maladie qui consiste à vouloir aller bien, favorisée par la nouvelle Bible que lui avait apportée Anne. Cette dernière affirmait que *Les Quatre Accords toltèques* avait changé sa vie, et cette foi se répandit à Maman.

Le soir, je quittai Thiais avec ce manuel, un cake et un paquet de pochettes Panini *2002 FIFA World Cup Korea/Japan* glissées dans le même sac par Papa. Ces encouragements n'avaient pas suffi, ne suffiraient pas. Je continuai ma méditation intermittente un certain temps. Quand la prescription fut acquise, en novembre 2002, j'avais arrêté depuis plusieurs semaines. D'ailleurs, je ne devrais pas dire arrêter : rien n'avait été prémédité. Ma pratique avait cessé, voilà tout. Le soulagement de ma vie libérée me comblait. Et puis, je dois le dire, la méditation était restée accrochée à cette vie empêchée. La seule vue du tapis de gym, enroulé sur la grande étagère à valises au-dessus des toilettes, me renvoie à cette période accablante. Avec ce tapis, nous nous étions abandonnés. Ce n'était qu'un passage, comme on peut dire qu'on a un temps pratiqué l'escalade ou appris l'allemand. J'avais pensé réorienter ma vie. Pas en entier : juste une partie. Je m'étais dit que *moi aussi, j'aurais pu*. Tout le monde peut tout. La seule question est pourquoi on ne fait pas.

*

Faire, j'en ai pourtant eu l'air. Quelques mois plus tôt, au café avec Diego, Mireille et Frisbee, c'est moi qui avais eu l'Idée. Faire grève : je lançai ces deux mots au détour d'une phrase. Ils firent l'effet d'une trace de cocaïne sur Diego et Mireille, surexcités par la perspective. Tu as raison, s'écria Mireille. Il faut taper fort, renchérit Diego. Mais *Le Figaro* n'est pas une maison où l'on fait grève. Nous n'étions qu'au début du conflit ; les représentants syndicaux étaient d'autant plus réticents à se montrer offensifs que des manœuvres se fomentaient. Des copinages, des avancements : nous étions assez nombreux pour générer des millions et trop peu pour empêcher ce genre d'inceste. Il s'agirait de les convaincre par une voie détournée.

Diego déploya une inventivité stupéfiante pour permettre cette mobilisation. C'est lui qui imagina un affichage sauvage dans toute la rédaction, qu'il voulait placarder de slogans et de chiffres chocs. Plus il exposait son scénario et plus il criait, enivré par les acquiescements de Mireille qui accueillait chaque nouvelle idée en jouissant d'approbation, comme si elle constatait à mesure qu'elle faisait face à un génie, ou que cette diatribe réveillait une âme de hors-la-loi. La loi, justement, je la leur rappelai : nous allions nous faire pincer et je vivais déjà sous le coup d'ennuis que je ne pouvais détailler. Je soulignai le récent investissement de la direction dans un modèle dernier cri de vidéoprotection, qui pourrait bien servir à nous vidéosurveiller si nous nous lancions dans de telles folies.

Ces deux farfelus m'embarquaient dans un pétrin dont je pourrais sortir licencié, voire inculpé. Diego finit par me convaincre : il s'engagea à imprimer ces affiches loin de la rédaction, à les faire coller par un ami qui, de toute façon, vivait la nuit, et à s'assurer de la complicité du gardien de l'accueil qu'il connaissait bien (il n'avait aucun intérêt à refuser, cet homme lui fournissant son ecstasy). Mon seul rôle tiendrait à lui donner la matière première, donc à faire jouer mes vingt années de relations dans la rédaction. Comme si relancer d'antiques collègues de service montés *en haut* ne serait pas louche. J'acceptai, piégé par ce verrou humain. Il m'obligeait à me rappeler l'authenticité de ma révolte pour ces trente malheureux, et pour la victime collatérale qu'était Frisbee, mon gros petit Frisbee.

Je trouvai un stratagème pour m'infiltrer au sein de la direction : des réunions stratégiques y avaient lieu chaque mardi. On y évoquait l'agenda des prochains jours, non pas le simple contenu éditorial, mais les coulisses l'orientant. Car il y avait l'actualité, et autour ces recoins qui décidaient comment elle serait traitée. Rendez-vous informels, dîners, événements privés : cette réunion, seuls les hauts dirigeants et le sommet de la rédaction y participaient. Elle comptait un ou deux envoyés de la Socpresse, le directeur des rédactions et trois chefs de service (politique, économie, international), dont les périmètres touchaient aux enjeux de pouvoir.

Mon propre chef, Jean-Luc, m'avait dévoilé ses tractations avec *L'Express*. Je lui avais promis ma discrétion – tant pis. Je me débrouillai pour que l'information parvînt aux oreilles du n° 2, celui qui m'avait soufflé les intentions de la famille Hersant. Je lui lâchai cette confidence. Il était désormais tenu au même secret que moi je l'étais par la sienne. Je me croyais mauvais stratège ; je découvris un coup de billard à plusieurs bandes. Confiant, ce dernier me lâcha les derniers rebondissements. Surtout, j'obtins ce que j'avais cherché : pressé par la direction, Jean-Luc se résolut à quitter ces réunions. Les secrets de famille ne s'ébruitent pas. Magnanime, je lui proposai de le remplacer, le temps que sa situation se décantât. Notre entente de longue date m'autorisait à lui proposer ce service, que je fis mine de rendre par dévouement. Je récoltai les fruits de mon manque d'ambition hiérarchique. Personne ne pouvait m'accuser de carriérisme.

Je ne m'étais jamais battu pour monter, la seule perspective de leur vie de cadre d'entreprise m'en dégoûtait – les réunions en continu, les mondanités et leur accoutrement. Si le poids du *Figaro* et la position influente que j'occupais au sein de la rédaction me valaient d'être régulièrement invité à des cocktails, je ne m'y rendais qu'en cas de nécessité. La plupart du temps, ces événements m'obligeaient à m'investir dans des échanges sans intérêt avec les convives qui, eux aussi, semblaient souvent faire pareil. J'avais d'ailleurs pris l'habitude de me rendre aux toilettes à intervalle régulier, même si je n'avais rien à uriner, afin de remplir le quota temporel de courtoisie que je m'imposais. Jacob Delafon et Allia devenaient mes acolytes.

Je ne dirais donc pas que je fuyais les mondanités – ces collations sont pleines de gens qui jurent les détester, de sorte que le comble de la mondanité est de dire qu'on les déteste. Seulement, il est vrai que je m'y suis toujours ennuyé, me refusant d'ailleurs à en adopter totalement les codes. Cette mutinerie se fixait sur un rejet précis, la cravate, que je n'ai jamais portée, ni à des mariages ni à l'Élysée, car j'exécrais cette languette de tissu que j'assimilais à l'exhibition insensée d'un pénis en lin accroché au cou du mâle blanc, qu'un ethnologue nambikwara eût consigné comme une bien curieuse coutume si la colonisation fut en sens inverse. C'était pourtant avec cet accoutrement qu'on se trimballait chez ceux d'*en haut*, au cœur de leur Amazonie de bureaux et d'ordinateurs.

Je me retrouvai ainsi, par générosité envers Jean-Luc, au cœur de ces cellules stratégiques (c'était le nom pompeux de ces réunions, que l'on abrégeait strat'). Les discussions y étaient alors orageuses. Cette nervosité s'expliquait par la situation interne du journal et le contexte politique : Jacques Chirac, réélu président, venait de créer l'UMP pour les législatives. Pour la strat', le réel enjeu se concentrait dans son cockpit. L'UMP servirait de fusée au candidat de la droite en 2007. Sa conquête serait donc décisive. Pour la direction du journal aussi, partagée entre les soutiens d'Alain Juppé et ceux de Nicolas Sarkozy, terrifiée à l'idée de rouler pour celui qui perdrait.

L'envers des faits se tramait devant moi. On évoquait le petit déjeuner avec Jean-Claude Gaudin d'untel, la proximité avec François Léotard d'un autre. On élaborait la ligne pour prendre parti au bon moment et pour le bon cheval, sans froisser Chirac et Raffarin. Malgré leur obsolescence programmée, un pouvoir qui resterait encore cinq ans ne devait être vexé. À ces réunions, je relayai les messages de Jean-Luc en porte-parole terne et sans histoires. J'écoutai : les finances, la stratégie, et finalement l'architecture d'un pouvoir qui fait fonctionner l'Entreprise comme un État. Avec ses secrets, sa raison et sa violence.

Nous exécutâmes le plan. Des assertions tranchantes, suffisamment vagues pour en flouter l'origine, essaimèrent dans les six étages du journal. Elles exhibèrent la courbe des bénéfices face à celle des destructions d'emplois, la nécessité de la grève pour arrêter cette casse sociale qui n'était qu'un apéritif avant de nouvelles coupes. Personne n'était dupe. Beaucoup ne s'étonnaient plus du cynisme de la Socpresse, des manigances pour mieux vendre. Mais l'afficher provoquait un effet de souffle. Ces mots n'étaient plus seulement dans les esprits, ne s'évanouissaient plus à la fin des discussions ; ils s'affichaient devant tous. L'idée de la grève lancée, les délégués syndicaux n'eurent qu'à la récupérer. Forcés par les trente malheureux que Diego motivait, la pression d'une rédaction en colère, l'impossibilité de reculer sans trahir. La grève commença début juin. L'inouï advint : *Le Figaro* ne parut pas.

La rédaction se fissura, entre une troupe d'indignés essentiellement composée d'assistants, de secrétaires, de simples rédacteurs, et un autre escadron aux allures de club Rotary – les mandarins du journal que nous appelions « les collabos ». Trois jours sans parution : ce n'était pas l'effet économique, négligeable pour notre actionnaire plein de milliards, qui comptait, mais le camouflet infligé aux Hersant par le joyau de leur empire de papier. Je suis même certain que nos patrons furent avant tout meurtris par les commérages murmurés dans les milieux d'affaires, le patronat et la galaxie de droite dont notre titre était la boussole. Ne pas régler en secret ses problèmes de famille : une telle entorse aux mœurs de la bourgeoisie devait être insoutenable. Surtout quand cette famille bourgeoise s'appelle la France. C'est ainsi que j'analysai cette victoire éclair, après trois jours seulement.

Vendre à Dassault une rédaction intenable devait être plus grave que ne pas lui céder un journal lucratif.

La grève s'acheva. Nous avions gagné. La victoire ne se fête pas sur le champ de bataille. Une virée s'organisa dans un bar des Grands Boulevards. Je rejoignis le groupe tardivement – la reparution me donnait du travail, et me placer en première ligne de l'exaltation pourrait créer des soupçons. J'y arrivai vers 22 heures. Ma première vision à l'intérieur du bar est restée gravée, intacte : Frisbee perché, défiant les lois de la pesanteur pour tenir son gros derrière sur le siège étriqué d'un tabouret de comptoir, regardant Diego et trois collègues survoltés devant des cocktails flambés au chalumeau par un serveur.

Au fond, Mireille se déhanchait sur *You Are My High* à cent trente battements par minute, le bassin synchronisé avec celui du relecteur des pages culture. La scène collait bien au clip. Les tonalités m'en remémorèrent les images : deux bouches s'embrassant en gros plan pendant trois minutes, la caméra fixée sur la chorégraphie des langues. En me voyant, Diego émit un cri, en fait une parole articulée m'invitant à me joindre à son cercle, c'est-à-dire à commander un verre qu'il tenait à m'offrir. Je pris une tequila paf. Elle arriva en même temps que Mireille essoufflée, suant des gouttes épaisses comme des billes et dont les gros gestes auraient pu faire chuter Frisbee si je ne l'avais cramponné. Elle voulut prendre l'air ; nous sortîmes, Diego, Mireille, Frisbee et moi le portant, de peur que le pas d'un indélicat l'amputât.

La liesse s'exporta sur le trottoir. Le plan avait marché, et nous en jubilions. Diego me tomba dans les bras. Je compris à ce moment l'autre sens de ce conciliabule : il avait été sauvé grâce... à moi. Interloqué, je le priai de répéter. Oui, c'est toi qui étais dans le secret des dieux, *en haut*, décrochant la victoire. Diego ne voyait pas d'autre explication à la brièveté de la grève. La vitesse du triomphe tenait forcément à une action souterraine. Pas vrai, hein, lança-t-il à Mireille entre deux lauriers qu'il me tressait. Elle acquiesça mollement. Si longtemps après, je ne suis toujours pas certain de ce qu'elle pensait de cette thèse insensée.

Peut-être pas entièrement fausse : j'avais manœuvré et risqué gros pour une cause qui, au fond, ne me concernait pas. Et j'avais aussi pu, sans m'en apercevoir, influencer les choses. Pas le choix de la Socpresse de renoncer à son plan, évidemment, mais c'est avec des grains de sable qu'on bâtit une plage. Ces grains de sable étaient mes échanges avec Jean-Luc, avec le n° 2, ou ma simple présence, la révolte intérieure ayant créé des atomes propices. Cette théorie-là me venait de Maman. Elle m'assurait que chacun évoluait pourvu d'un halo coloré, un champ énergétique d'où rayonne sa puissance magnétique. Je suis persuadé que l'aura de Luther King et Mandela a participé à en faire de grands hommes : leur seule présence devait susciter une vibration. Qui sait, je serais un Gandhi anonyme. Diego en donnait une preuve : pourquoi m'attribuait-il cet héroïsme extravagant, si ce n'était grâce à cette radiation ?

Diego se fourvoyait. L'alcool, l'allégresse : demain ce serait oublié. Je le remerciai modestement, ne voulant ni briser ses illusions éthyliques ni accepter ses caresses imméritées. Il tira de cette pudeur la confirmation d'une grandeur que, dégrisé et reposé, il continua à m'attribuer. Les jours, les semaines, les mois : il ne cessa jamais de m'exprimer sa gratitude. Contrainte à la discrétion, cette reconnaissance se fixa sur la seule chose qui nous liait vraiment. Diego me laisserait Frisbee à chaque pause clope et j'aurais, dans ce trophée, la preuve d'un héroïsme à moitié dérobé, mais à moitié seulement.

Un pourcentage me revenait, comme revient à chaque électeur un morceau du vote dans une démocratie. Ce pourcentage, peut-être infime, peut-être colossal, peut-être médian, validait le théorème auquel les arcanes de Belle Épine m'initièrent il y a si longtemps : paraître, c'est être. J'avais l'air, cela suffisait. J'avais sauvé Diego et Frisbee. J'avais sauvé un peu de moi à travers eux, avec ces rêves de Diego qui me tombaient dessus. Sans raison, comme la pluie. Il aurait pu ne pas y avoir ma rage initiale, et sincère. Ou les soirs au café et l'engagement qui en naissait. Sans ces hasards, j'allais. Ou je n'allais pas. Je ne sais pas.

VI

Claire laissa un vide dont je ne me suis pas remis. Par curiosité, j'ai tapé un jour son nom sur Facebook. Je vis une quadragénaire belle et souriante ; quelques photos accessibles la montraient avec deux enfants et un mari aux traits m'évoquant vaguement quelque chose. Comme cette Claire qui n'était plus Claire, seulement une autre personne pour qui je me réduisais à une pensée enfouie dans la cave de son esprit. L'impression de marée basse que me laissait mon appartement sans ses affaires, sa présence, ne m'a jamais quitté. Je l'ai bien cherché, pensez-vous. Regretter ce que j'ai détruit : je réclame un droit à l'incohérence.

À partir de cette époque, j'eus assez d'âme pour admettre la possibilité de l'amour et assez de lucidité pour savoir que je ne le vivrais pas. Cette voie étant bouchée, il me restait le piment frivole des *aventures*. J'en eus plusieurs. La séduction continue qu'elles exigent interdit de parler d'amour, que je me représente comme cet endroit du cœur où l'on est soi à deux, et où ça suffit. Je dois confesser que préférer ce *plusieurs* à *quelques-unes* répond à l'envie de créer artificiellement un effet d'abondance. En réalité, je n'eus qu'une poignée d'histoires, addition suffisante pour ne pas franchir le seuil de pauvreté sexuelle. Je resterais abonné aux aventures, autrement dit célibataire.

Célibataire : le mot m'a toujours paru bizarre, avec ses sonorités initiales plutôt douces, s'achevant dans la brutalité des deux dernières syllabes. Je devais le porter fièrement, puisque tel était mon choix, donc me distinguer de la cohorte de malheureux avec qui je devais partager ce statut, n'ayant rien à voir avec ces célibattants laissés-pour-compte par un amour qu'ils fantasment. Je recense – soyons précis – quatre types de célibataires : les célibataires passagers, chômeurs résiduels d'une situation de plein-emploi, prenant le temps de retrouver un CDD épanouissant dans le vaste marché du couple ; les célibataires jouisseurs, revendiquant un appétit sexuel ou affectif trop débordant pour être comblé par un seul être, lesquels constituent une forme d'aristocratie du célibat (leur conception suppose une très haute aptitude à la séduction) ; les célibataires désespérés, dont le rêve d'amour rend la solitude intolérable ; et les célibataires existentiels auxquels j'appartiens. Ni exclusivement jouisseurs ni forcément désespérés, les célibataires existentiels regroupent ce lot de déçus par l'amour, ou n'y croyant plus, lesquels puisent dans le célibat une philosophie – préférer l'intensité des aventures à la routine.

Mais fonder son bonheur sur un pessimisme, c'est déjà accepter qu'il ne soit pas entier. Pouvais-je me cacher sa racine avariée ? Célibataire viendrait d'un mot sanskrit apparenté à *borgne*. Cette origine trahit ce qu'une vie heureuse avec un seul œil aura toujours d'inférieur à la vue intégrale. Je devais donc m'employer à déstigmatiser, et même à désinfecter le mot. Je ne l'employais pas systématiquement, d'ailleurs. Quand le sujet venait, j'expliquais à mon interlocuteur que j'étais *seul*, m'empressant d'ajouter que j'étais bien ainsi, que ça me convenait (ce qui, en le disant, paraît finalement suspect). Non, je ne subissais pas les choses et ne les subirais jamais ; ma volonté en triompherait. Telle était l'équation de mon existence, sinon tout s'écroulerait. Sans l'amour, qu'avais-je à espérer ailleurs que dans mon métier ou l'amitié, et cette promesse de me remettre à écrire et voyager pour regagner le temps enfui ?

Par chance, des changements se produisaient. Dassault réussit son assaut en 2004. Ce succès touchait même au triomphe : l'industriel avait acquis la majorité absolue en rachetant les titres de la Socpresse moitié moins cher qu'au moment de son entrée dans le capital en 2002. Cette dévaluation nous avait tous alarmés. Comme la Socpresse ne publiait pas ses comptes, cette promotion inattendue sur ses titres signalait des finances piteuses. Le changement de propriétaire avait mené à une clause de cession. Mireille, dont la retraite devenait inéluctable, avait pu s'en aller avec presque cent mille euros. Laisser partir, plutôt que licencier. C'était le prix pour économiser les gros salaires, et dégrossir en douceur. L'argent et les incertitudes persuadèrent une trentaine de salariés de s'en aller. Dassault prit également la décision de nous déménager. Chaque ère réclame son palais. En 1975, Hersant avait déplacé la rédaction du rond-point des Champs-Élysées. Après trente années rue du Louvre, Dassault la déplacerait en 2005 boulevard Haussmann, un kilomètre plus loin.

Le changement était symbolique. Il était aussi physique. Insignifiant pour le lecteur, ce petit mouvement remuait un monde de micro-habitudes chéries et haïes. Chéries pour leur régularité parfaite, les routines apprivoisant le temps. Haïes pour les recommencements éternels et leur claustration effrayante. Une vie à descendre aux Halles, à préférer la rue Montorgueil à sa parallèle Montmartre. Je dois admettre une erreur de jeunesse lorsque je projetais mes désirs sur des vies en excluant ces lois de la gravité quotidienne. Les habitudes sont égalitaires dans leur attachement au *toujours pareil* rassurant, qui fixe une attention sur la même vitrine de chaussures, la même plaque d'égout, l'éternel Pont-à-Mousson.

Non que ce kilomètre changeât fondamentalement ma vie, mais il fouettait une mollesse qui m'avait d'abord conduit à me plaindre, comme tant de collègues. On s'habitue à tout, dit-on en pensant au pire. On s'habitue surtout au meilleur. Cela se constatait aux infinis reproches adressés à ce déménagement, dont la gestion était jugée calamiteuse par une majorité. Des blâmes s'adressaient à tout : nouveaux locaux présumés inconfortables, bureautique déficiente, écrans mal positionnés, des rumeurs d'amiante donnant une atmosphère de scandale à toute l'opération.

Ces réprobations visèrent surtout la disposition spatiale, remettant en cause des lustres de places établies et de baronnies.

Dans ces réquisitoires risibles se jouait certainement une autothérapie pour ceux chez qui le déménagement était un arrachement. J'étais moi-même un peu perdant. Je gardai Diego à proximité, mais un peu moins près : Frisbee s'éloigna d'un bon mètre. Le soleil noircissait désormais mon écran toute la matinée, ce qui m'obligeait à incliner les persiennes – et ce au possible détriment de mes voisins. Ma position hiérarchique me permettait d'ignorer leurs récriminations que ces lieux contribuaient à fomenter, puisque tout devait y être confortable : chaises, bureaux, stores, température de la climatisation (des écarts de 1 ou 2 °C pouvaient provoquer des batailles féroces), qualité de la machine à café.

*

Je ne participerais à cette guerre de position qu'après la bataille, car je découvris ma nouvelle place à mon retour du Kirghizstan. En 2005, une révolution déclenchée par des fraudes électorales avait chassé du pouvoir Askar Akaïev, l'unique président depuis l'indépendance de 1990. *Le Figaro* avait raté l'événement : aucun correspondant permanent ne couvrait l'Asie centrale. Seulement un vague pigiste établi à Tachkent, qui avait servi *Le Monde* en premier. J'en profitai pour proposer une série de reportages sur cette « révolution des tulipes ».

Chaque révolte contre une dictature bourgeonnait alors comme une nouvelle fleur dans le bouquet de la liberté. La Géorgie avait eu la « révolution des roses » en 2003 ; l'Ukraine, une « révolution orange » en 2004 ; le Liban, sa « révolution du cèdre » en 2005. Le Kirghizstan, lui, héritait des tulipes. Ce nom curieux était à l'image de ces années 2000 curieuses, privatisées par les États-Unis, leur morale et leurs croisades. La guerre signifiait la paix, combattre le Mal équivalait à lutter pour le Bien. Une synonymie se fixait entre *guerre contre le terrorisme* et *guerre pour la démocratie.* « Révolution des tulipes » : ce marketing patronymique empreint d'un romantisme de propagande sonnait trop juste, sonnait trop bien. Beaucoup le reliaient à l'activisme des tentacules humanitaires des États-Unis. Des journalistes du service ricanaient de l'art du coup d'État démocratique servi par l'Usaid, qui succédait à l'ère du putsch autoritaire délivré par la CIA.

Au Kirghizstan, le format approfondi du reportage devait excuser notre retard. Pour moi, il était plus discrètement un moyen de retrouver l'ailleurs, hors de mes zones de confort qu'étaient le sempiternel Moyen-Orient et la mousse de ma chaise de bureau, aspirateur à fesses sur lequel on ne voyage plus que sur Google. Anecdotes, photos, documentaires, vues satellites : le sel des vraies explorations s'y concentre sans les sudations, les latences et les déceptions. L'Irak de Google m'aurait peut-être suffi, à l'époque. Cette idée, en tout cas, m'effrayait assez pour me rendre le goût du lointain.

Du Kirghizstan, je n'avais aucune idée : c'était mieux ainsi. Mon planisphère mental coloriait l'Asie centrale en gris, un gros pâté gris coincé entre la Russie et la Chine. Les noms de pays en *stan* éveillaient en moi un exotisme sans image. Pour m'en donner, j'achetai l'unique guide de voyage sur la zone. La première édition *Asie centrale. La route de la soie* de Lonely Planet venait de paraître. Je n'aimais pas ce livre, car je l'associais à une déception, quand je découvris que sa couverture grandiose – une vue aérienne de Samarcande – se situait en Ouzbékistan, et non au Kirghizstan. Ce support et quelques recherches sur Internet paramétrèrent une première projection. De ce pays, je me mis à imaginer les grandes étendues de Mongolie, les visages aux yeux bridés, l'islam venu du temps des Arabes, le cyrillique et la vodka de la domination russe. Autant de représentations de touriste qui n'avançaient en rien la préparation du reportage.

Je me documentais, mais il manquait l'essentiel : les contacts. Pour *Le Figaro* aussi, la région ressemblait à une zone grise. Personne n'y avait de réseau. Je décidai de me rendre à Bichkek une poignée de jours ; je trouverais bien, dans la capitale, le fixeur qu'il me fallait. En attendant, cette incertitude m'angoissait. Je la cachais en prenant l'air assuré. Comme quand Diego, catastrophé, ne parvint pas à réserver l'hôtel : ils ne parlent même pas anglais là-bas ! Son exclamation me serra les boyaux. Diego réussit à trouver en relevant le comparateur de prix pour y intégrer les hôtels de gamme internationale.

J'arrivai sur place à 7 heures, après un vol nocturne dont je sortis avec l'impression d'avoir atterri à la marge des mondes. Nous étions en avril, par une aube rose et bleu à 5 °C. Une lumière pure éclairait les dalles éraflées du tarmac, où stationnait seulement un Boeing éteint de l'Aeroflot. Au bout s'élevait une frontière de barbelés. Derrière, il y avait l'officine de la démocratie, ou du meurtre – la base aérienne de l'US Air Force. De la nourriture et des bombes : c'est de ce morceau de piste grignoté à l'aéroport civil que les États-Unis convoyaient à cette époque leur ravitaillement jusqu'en Afghanistan.

Moi, j'étais venu bardé de médicaments et d'argent, comme si la guerre avait lieu ici. Malgré les heurts, Bichkek n'était pas présumée dangereuse. J'étais juste happé par la crainte d'être démuni. Cet excès devançait la pénurie, plus encore mes préjugés dont je compris le grotesque les jours suivants. Ma Mastercard fonctionnait dans tous les distributeurs du centre. Le réseau Swift connectait les banques du Kirghizstan à la mondialisation comme il me capturait en elle. Être chez soi partout : je renouai avec cette sensation irrésistible. Pour tout dire insurmontable, si j'en crois l'exultation que j'éprouvais à mesure de ma découverte de Bichkek. Je visitai la gigantesque place Ala-Too, avec son gigantesque drapeau (éclatant à vrai dire, dévorant l'œil par son soleil de quarante flammes au globe strié par le *tunduk*, la clé de voûte des yourtes) et sa gigantesque statue de Manas à cheval, qui avait remplacé il y a peu celle de Lénine, déplacée devant le Parlement.

Tout ça, je l'avais apprécié. Aimé, même. Mais l'euphorie me fut réellement procurée par l'urbanisme géométrique, rassurant, légué par les Russes, les Western Union plein d'euros, un vieux bus au vert jade de la RATP transportant des élèves, au logo mal effacé. Je le croisai le matin où je me rendis à un café avec Tchinguiz, qui deviendrait mon fixeur. Ses coordonnées m'avaient été données par un journaliste anglais du *Washington Post*, que je rencontrai lors d'une conférence de presse de l'opposition. J'y avais pris une série de contacts, ainsi que la matière d'un premier article.

Ma rencontre avec Tchinguiz annonçait mon départ de Bichkek. J'avais trouvé mon fixeur, et me récompensai d'un après-midi shopping. Dans le quartier entre la philharmonie et l'université, je repérai une série d'enseignes mondialisées. Moi qui avais consigné dans un carnet les cabines téléphoniques de la ville, c'est ici, dans la boutique Samsung, que j'achetai mon premier portable à clapet. J'hésitai à en rapporter un à mon neveu Anthony – son dix-huitième anniversaire approchait. J'anticipais d'ici le sermon d'Anne s'épuisant déjà contre son addiction à GTA Vice City. Il en abusait depuis qu'il avait obtenu le droit de mettre la PlayStation 2 dans sa chambre – je le comprenais profondément : j'y avais joué quelquefois avec lui. Je renonçai, privilégiant le grand bazar d'Och, à l'ouest de la ville, où j'achetai des épices pour Maman et un *kalpak* pour Papa, ce grand chapeau traditionnel kirghize qu'il ne mettrait sur sa tête qu'en pouffant.

Ce bazar recommandé par Lonely Planet était derrière le faux. Ou peut-être était-il le faux derrière le vrai. Je parle des boutiques installées dans des containers Tex et China Shipping qui dégueulaient de baskets Nike plagiées, de soutiens-gorge recyclés, de CD, de claquettes en skaï, de portables en toc. Polyester, caoutchouc, polystyrène : la matière de la Terre servait à ça, à cette contre-alchimie venue du même utérus que nos produits certifiés ISO. Le ventre de la mondialisation produit ses normes et sa contrefaçon. Au bazar d'Och, cette contrefaçon côtoyait les sacs d'épices dont j'avais vu des images sur Google, étalages multicolores consommés par des Kodak qui durent, eux aussi, passer ce faubourg d'atomes pourris. Qu'il serait commode de réduire aux confins : le centre de nos « Plus Beaux Villages de France » se conquiert comme Saturne, après un anneau de Top Office et de Saint Maclou.

J'aimais ce mélange de repères et de pertes. Je m'y étais acclimaté, quittant même Bichkek avec une pointe de regret. Tchinguiz m'embarqua vers le sud, dans les bastions de la révolte. D'abord à Naryn, point de passage stratégique de la route menant à la Chine, puis dans les deux grandes villes de la vallée de la Ferghana, Och et Djalalabad. Mon plan était réfléchi, mais défectueux. J'avais grossièrement négligé l'état des routes. Leur délabrement doubla la durée de nos trajets. Sur ces chaussées, je découvris une curiosité. Les voitures ne répondaient à aucun standard : les volants pouvaient être à droite comme à gauche. Ces journées à 40 kilomètres par heure, je les occupais à discuter avec Tchinguiz. Ses vingt-huit ans en valaient soixante-dix : il connaissait toute l'histoire de son pays, n'ignorait aucune coutume.

Tchinguiz avait voulu une fille pour l'appeler Djamilia. Le nom de cette héroïne de roman poursuivait d'une génération l'hommage de ses parents au grand écrivain national Tchinguiz Aïtmatov. Sa famille était lettrée, et lui-même avait étudié l'anglais à l'université de Bichkek. Sans travail intéressant ici, sans argent pour émigrer, il en était réduit à ces rares missions pour les reporters étrangers. La révolution l'enrichissait. D'agaçante, notre lenteur se mua en bercement. Celui des heures à parler, celui des heures sans voix, à regarder dehors. À Bichkek, tout était rectiligne, parallèle, perpendiculaire – les immeubles soviétiques comme les rues. Là, je parcourais des étendues vertes, de grands vides que le regard traverse jusqu'à l'horizon. Cette ampleur délassait mes yeux, reposait ma tête. Je regardais sans déchiffrer. Entomologiste de la consommation depuis Belle Épine, je scannais tous les logos, pouvais citer des milliers de marques, mais ignorais le nom des plantes, celui des arbres. Ici, j'éprouvais la servitude de mon ingénierie : l'ignorance de ce qui compose fondamentalement le monde.

De ce mois, la première image me revenant est un son, le rire de Tchinguiz. Il accompagnait mes *biotiful, biotiful*, révérant la beauté de ces paysages. Ça amusait Tchinguiz. Je lui dois beaucoup. De m'avoir guidé pour les reportages, et dans l'émerveillement : il avait permis un moment déterminant, au retour vers Bichkek.

Il me proposa un détour par le lac Song-Köl, où son cousin tenait un camp de yourtes avec son épouse allemande – il y avait beaucoup d'Allemands au Kirghizstan, qui descendaient de colons du XIXe siècle, m'avait-il raconté.

Après un dîner dans la grande tente commune (une bouillie au mouton et des sucreries infectes), les hôtes insistèrent pour finir sur un verre de vodka. Je le bus malgré mon aversion pour cet alcool, avant de rejoindre ma yourte. J'étais épuisé, et pourtant je n'éteignis pas la lampe à pétrole. Couché sur le matelas posé au milieu de cet espace circulaire, je restai éveillé, regardant les ombres du quadrillage en bois de la yourte, puis le *tunduk*, imaginant la grande obscurité autour. Quelques éclats de rire me parvenaient de la grande tente, où Tchinguiz fêtait les retrouvailles en famille. Ces présences m'arrivaient avec le souffle du vent effleurant ma toile. J'étais avec eux, mais seul.

L'envie de pisser me tira dehors. La petite violence que ce besoin exigeait me récompensa. Les étoiles par milliers formaient ce que je n'ose qualifier de pluie, tant l'image est éculée. C'était peut-être une grêle, une avalanche, un déluge ; ou peut-être rien. L'ailleurs qu'elles signalent nous échappe. Il m'attirait d'un magnétisme curieux, qui me donnait la sensation de plonger sans tomber. Un vertige m'attirait vers le bas, comme si cette voûte n'était pas un plafond mais un trou.

Cette sensation me laissa entrevoir ce que pouvaient être les nuits de feu des mystiques, celles que j'avais découvertes dans les livres de Mireille.

Ces nuits avaient dû commencer bêtement, comme ça. Moi, une autre envie me vint : écrire, pour que ce moment soit entier, qu'il ne file pas pour rien. Ici, le mythe d'une création glorieuse dans cette solitude exotique me laissait croire que j'avais encore quelque chose à dire. Revenu dans la yourte, je sortis un cahier neuf et commençai à griffonner quelques lignes en repensant à Thiais et à mes années avec Mike, retrouvant le volume de cette époque en dépliant les rayonnages serrés dans ma mémoire. Belle Épine, les émois, le scooter, l'ennui, Mike.

Si loin, je m'attristai de ce gros bloc d'espace et de temps qui nous avait rendus inconnus l'un à l'autre. Mes études et son départ à Rungis avaient cloué notre amitié à l'adolescence. Je ne me souviens qu'avec gêne de la seule fois où nous nous sommes revus, longtemps après, sur le quai du RER de Choisy. Il sortait d'un train que j'attendais. Nos regards s'étaient croisés mais, l'endroit étant bondé, mon premier réflexe avait été de détourner les yeux, feignant de ne pas l'avoir vu. L'inattention se justifiait : un éclair orange avait à cet instant traversé la gare, soufflant le quai de sa décharge d'air et de bruit. Les TGV ont toujours agressé Choisy. Mike avait continué à me fixer. Quelques secondes plus tard, oh Marco, il m'empoignait chaleureusement la main. J'avais eu honte. Si profondément honte que le seul souvenir de la scène me plonge dans un embarras terrible.

Nous avons discuté deux ou trois minutes qui m'en parurent davantage. Face à moi, c'était un proche inconnu aux traits familiers et changés. T'es devenu quoi ?

Sourire triste accueillant l'écart ; lui avait déménagé vers Évry pour travailler chez un fabricant de stores. Il avait bâti sa famille là-bas. Je lui avais résumé ma situation sur le ton de la dérision pour rapetisser l'écart social. Une nouvelle honte m'était venue à l'idée de la hiérarchie tacite que mon choix rhétorique trahissait. Il disait : je te domine. Nous nous sommes quittés avec une promesse de revoyure – sans y croire, évidemment.

Divaguant autour de cette scène, puis de Mike, peut-être parce qu'au fond je voulais renouer le fil d'or de l'amitié, cela m'inspira une trame : une famille au logement menacé par des promoteurs voulant construire un centre commercial dont elle dépendrait pour trouver du travail. L'autophagie d'une situation conduisant ces personnages à désirer ce qui les détruirait m'intéressait.

Une, deux, dix, j'enchaînai les pages ; l'histoire prenait forme à mesure que l'inspiration descendait du *cloud* des idées. Mon personnage ne combattrait pas ce péril. Sa rage initiale s'estomperait et, plus tard, une somme d'argent et une promesse d'emploi lui suffiraient à accepter l'inéluctable, qui était aussi l'inacceptable. Car on s'habitue à l'inadmissible, c'est ce qui corrode les colères pures, intactes. Combien de fois ai-je vu, enfant, Papa et Maman transiger pour résoudre une brouille familiale, arranger une petite humiliation au travail ? Ces moments me reviennent toujours mêlés de dégoût, non pour mes parents, mais pour cette implacable règle contraignant à *devoir composer*, à dissoudre sa volonté dans celle des autres, comme une entropie de la pureté que l'écriture me permettrait d'équilibrer.

Au journal, la qualité de mes reportages kirghizes fut remarquée jusqu'à la direction, qui me convoqua pour des félicitations – je les nuançai immédiatement, parce que *le refus des louanges est un désir d'être loué deux fois*. J'avais eu de la chance sur le terrain, un bon fixeur, etc. Le seul nom au bas d'un article occulte injustement le tas d'aides dont le mérite est tu.

Grand reporter et écrivain. J'aimais cette carte d'identité. Plus tard, je contemplerais des heures ma page Wikipédia. Elle fut créée autour de 2009, juste après la parution de ce roman. J'ignorais qui avait fabriqué cette notice, qu'un sens minimal de l'honneur m'aurait toujours empêché d'écrire. Ç'aurait pu être l'attaché de presse de mon éditeur pour lustrer ma réputation, mon neveu devenu geek au lycée – le style rédactionnel me semblait trop travaillé pour que ce soit lui. Quoi qu'il en soit, mon ignorance transformait une contingence en réalité académique : cette présence rendait mon existence absolue. Peu importait sa genèse, j'éprouvai une consécration à partager une notice avec Mozart, Allah, Hitler, une notice qui me survivrait et graverait mon apport à l'humanité.

Ce plaisir est honteux, je le sais. C'est pourquoi je n'ai jamais évoqué le sujet avec des semblables, membres de la caste des gens-sur-Wikipédia. Je suis certain que les milliers de personnes à qui la vie a offert une notoriété, même médiocre ou succincte, ont ressenti ce sentiment de puissance que seul le

XXIe siècle permet – affect si intense que je comprends ceux dont les mérites auraient pu leur valoir cet honneur, et qui cèdent à la frustration de se rendre justice en écrivant leur page eux-mêmes. La mienne n'était pas très fournie, bien sûr, mais elle spécifiait un certain nombre de détails que j'aimais lire, relire, vérifiant si des changements y avaient été apportés. Des approximations s'y étaient d'ailleurs glissées, et les doigts me brûlèrent quelquefois d'aller les rectifier.

Cette notice fut le seul trophée des trois années d'écriture que me coûta *Les Mains pleines*. Une décennie après *Nos Défêtes* et la sélection du Renaudot, j'y avais investi un effort sincère et l'envie d'une démonstration – celle que je pouvais écrire à nouveau, et mieux. Je jouai de malchance. Je présentai le projet à Fasquelle, qui l'accueillit sans enthousiasme. Devant la procrastination de la maison, dont la non-réponse signifiait un non tout court, je me tournai vers un petit éditeur, Berthier, sur la recommandation d'une connaissance.

Tirage, avance, pourcentage : je signai un contrat modeste qui condamnait *Les Mains pleines* à la discrétion. Berthier n'était pas spécialisé en littérature, obstruant d'avance l'attention qu'on aurait pu prêter au livre. D'autant qu'il parut en mai 2009, le contraignant à une durée de vie publique de quelques semaines avant le congélateur estival, puis le tsunami de la rentrée. La sortie fut ratée pour ces raisons, et d'autres encore inexplicables. Une amitié au supplément littéraire du *Figaro* me valut un entrefilet et l'éditeur décrocha deux rencontres en librairie. Celle de Paris n'attira qu'une poignée de personnes ; une seconde aux Volcans, à Clermont-Ferrand, une demi-poignée, c'est-à-dire trois lecteurs : l'humiliation entérina mon choix d'arrêter d'écrire.

Je n'étais pas un écrivain, ma création sans assiduité en témoignait. Je pris cette décision dans le train me ramenant à Paris, et la musique de cet échec me hanta longtemps. Jusqu'à la numérisation des tableaux de départ de la SNCF, remplaçant le claquement de l'affichage à palettes. Car le rouet des heures, des destinations et des trains figea mon esprit sur ce même moment : l'arrivée à Paris ce jour-là, et les minutes d'hébétude devant ce manège où se volatilisaient les lieux et le temps.

*

Trouver la force de me taire réclamerait une éthique de l'effacement plus rigoureuse que celle de la parole. Cette résignation intervint au bout de ces années 2000 flasques, d'un futurisme raté, me poussant à chercher la compagnie des autres, ersatz de famille qu'ils ne seraient jamais. Cette période a paradoxalement coïncidé avec un regain d'intensité de ma vie sociale. Je m'efforçai de sortir pour tromper la torpeur. Vivre avec ses amis : utopie de métropolitain. Mais ces récréations, même brèves, me lassaient. La vie sociale n'est pas bien adaptée au mal-être des solitaires comme moi. Je veux dire des solitaires qui n'ont rien fait pour *vraiment réussir* leur vie personnelle tout en jouant d'un peu de malchance.

Solitaires de bistrots branchés soignant leur respectabilité en évitant les PMU, solitaires s'épuisant à profiter de la vie culturelle, solitaires à mouvement permanent. Paris est l'hôpital de cette maladie chronique. Je n'enviais pas non plus Anne, avec son foyer à gérer et ses obligations permanentes (les amis réclamant seulement le consentement, donc le désir). En fait, il m'aurait fallu une situation intermédiaire, des *amis-famille* que je tentais d'avoir par cette socialité.

Je m'y accrochai d'autant plus qu'à cette époque arrivèrent ce que je me mis à appeler *les crises*. La première se déclencha un soir, dans le noir. Je venais tout juste d'éteindre la télévision ; une gêne au genou s'était aiguisée devant mon programme, un débat de fin de soirée que j'avais suivi d'un œil. Une fois le poste éteint, la gêne se transforma en gonalgie. La douleur se logeait sous l'os, dans je ne sais quel canal synovial, au point que je me levai en boitant pour prendre un verre d'eau. Cette douleur se mit à m'obséder, puis à m'angoisser. Je rallumai sans pouvoir distinguer si le genou s'était mis à gonfler, ma perception des volumes étant brouillée par l'anxiété. Pris de palpitations, je consultai mon ordinateur et tombai, après quelques recherches, sur un site évoquant l'ostéosarcome.

Lisant ces lignes, vous sentez le dérapage à venir. Je le sentais moi aussi, cet accès de psychose faisant prendre n'importe quel symptôme bénin pour celui d'un cancer foudroyant. J'ouvris la page avec cette distance critique, jusqu'à un détail reçu comme un uppercut : « Les ostéosarcomes se manifestent le plus souvent au niveau du genou à l'extrémité inférieure du fémur ou supérieure du tibia. » Qualifié de « particulièrement agressif », avec un risque de métastases, l'ostéosarcome se développe avant vingt-cinq ans, parfois aussi autour de soixante ans. J'arrivais à cinquante, mais mon corps était certainement plus vieux, je le sentais se ratatiner. Après quelques minutes et un passage sur des forums où des témoignages correspondaient à mon ressenti, la conviction fut établie – à ce moment, un geyser d'angoisse se mit à gicler dans ma poitrine, à m'inonder du dedans. Je ne questionnai plus la souffrance, juste ses conséquences : l'hôpital, l'enfer chimiothérapeutique, la mort au bout.

Cette douleur curieuse partit après quelques jours. Je n'avais pas osé consulter, de peur que le diagnostic se confirmât – j'avais assez repoussé ce rendez-vous pour que la « guérison » advînt. Cette résilience cachait un état nouveau, avec lequel je devrais composer. Depuis, je ne ferme plus mes volets, et je laisse chaque nuit le couloir allumé. Car les crises revenaient. Quelquefois localisées dans un organe, un membre, elles demeuraient la plupart du temps diffuses, faisant palpiter mon cœur de plus en plus fort.

Je consultai trois cardiologues. Chez le dernier, je tremblai durant toute la séance, si bien qu'il prononça les mots *trauma* et *état de stress*. Ce vieil homme rassurant décida de pousser l'électrocardiogramme sur vingt-quatre heures. Il me rasa le torse pour m'accrocher les ventouses du Holter. Ma trépidation était telle que son rasoir jetable me coupa. Plus que du sang, des larmes coulèrent : je m'effondrai. Il eut la gentillesse de m'écouter, d'allonger sa fin de journée. Je lui parlai de Claire, de la peur, du remords.

Je jetais là des paroles jamais dites, et que je ne redirais plus. Même pas au psychologue dont il me laissa le nom sur un papier. Je ne l'appellerais pas. Ce cardiologue avait beau me répéter qu'une tachycardie restait inoffensive, le rythme devait bien finir par s'emballer jusqu'au seuil fatal. *Là*, je resterais *là* quand tout continuerait. Tout ça est stupide, bien entendu : avant la mort, ce n'est pas la mort ; après, on n'est plus là. Mais *pendant* ?

Une fois dépourvu d'oxygène et de sang, le cerveau met quelques minutes à s'arrêter, selon une étude d'*Annals of Neurology* que je dénichai lors d'une insomnie. Dans l'intervalle, les cellules restent en veille, attendant une éventuelle reprise du système. Advient ensuite une vague de dépolarisation finale, quelques neurones épuisés relâchent leurs ions potassium et leur réserve de glutamate, et cette mort se transmet soudain aux neurones voisins, générant l'ultime décharge, l'ultime embrasement avant le silence électrique. Et puis (mais ça, c'était dans *PLOS Biology*, les nuits me rendaient expert en revues scientifiques, j'en dévorais les *abstracts* tels des romans, de bons romans de surcroît, puisque tout allait au but, il n'y avait aucun déchet, c'était *straight*), je découvris cette autre étude et sa conclusion me déchirant de l'intérieur : « La mort de l'organisme s'accompagne d'une explosion de fluorescence bleue intense, générée à l'intérieur des cellules intestinales par la voie de la mort cellulaire nécrotique. » La mort est bleue, une vague bleue comme la flamme d'un réchaud.

Pour chasser la sensation de réclusion dans mon corps, je touchais compulsivement des objets, des surfaces, le tissu râpeux du fauteuil de mon salon. Je mettais aussi la télé, que je retrouvais au lever encore allumée, ne parvenant plus à me défaire de l'habitude de m'endormir avec sa voix. Un autre murmure me portait, celui des voitures filant sur le boulevard. La nuit, ce trafic glisse. Sans klaxons, sans bouchons, sans éclats de colère. Ce bruit me rassure. Les yeux clos, concentré sur ce souffle si proche du ressac des vagues, je me figure ces vies ignorées s'approchant de la mienne. Quelquefois, je pensais à Mireille et son Être total, ces cimes que j'avais abandonnées. L'harmonie m'était peut-être interdite.

J'optai pour la voie opposée : le mouvement. Il me fallait bouger mon corps se desséchant. Désormais, mes tétons ployaient, transformant mes pectoraux en petits seins qui me faisaient penser, avec les poils, aux mamelons hideux de certaines guenons. L'ouverture d'un King Fitness à côté de chez moi attestait une providence ; j'y pris une carte. La bizarrerie de ma présence dans ce lieu s'annihila vite sous l'effet du goût addictif d'y aller, de ressortir suant, épuisé, la certitude d'avoir débloqué des points de bonne santé comme dans les vieux Super Mario où passer sur un champignon vous fait gagner des vies.

Une profonde sérénité me tranquillisait dans les heures suivant mes passages chez King Fitness, une quiétude aux antipodes de l'état où ces séances me portaient. Car je traversais ces moments avec une colère qui me survoltait ; elle touchait parfois à la rage sur le tapis de course devant lequel, juste en face, se trouvait un miroir. Travaillant les abdos et les pecs, je lâchai des râles qui m'auraient fait honte dans tout contexte, sauf ici. Lors de mes premières incursions chez King Fitness, je ralentis les séances d'abdos me poussant dans ces retranchements viscéraux. Le déblocage arriva un soir. Seul dans l'un des studios, je décidai d'aller au bout de la série que je m'imposai. Sur la fin, je poussai des cris (qui n'en étaient pas vraiment, ils venaient d'en bas, du fond du puits) de plus en plus tonitruants. Je me mis peu après à les oser en présence d'autres, puisque je n'étais pas le seul à vociférer.

J'avais aussi trouvé, à cette époque, un apaisement insolite. Toutes les nuits, je procédais à la scintigraphie mentale de mon corps avant de m'endormir. Le traceur n'était autre que mon cerveau, ou ma conscience – j'ignore si je dois identifier les deux. Depuis cet endroit d'où je pense, d'où je me parle, que je peux très clairement situer dans ma boîte crânienne, je rendais visite à chaque partie de mon corps. Éveillant les autoroutes nerveuses jusqu'à ses extrémités, je m'unifiais dans une sensation activée chaque soir, envoyant des signaux électriques sur cet espace d'un mètre soixante et onze dont je vérifiais la propriété. Je n'ignore pas que ces canaux serpentent parmi des zones ignorées où se terrent les mystères de l'organisme, mais cette vérification des grandes voies me procurait une sensation de maîtrise, comme un État qui domine les routes jusqu'à ses confins, laissant entre elles de grandes zones où pourraient se déployer le crime, la sédition, l'anarchie. Cette routine me rassure. Elle ne m'a pas quitté jusqu'à aujourd'hui, avec une autre paranoïa.

C'est à cette période que m'est venue l'obsession de la fermeture de ma porte. La crainte irrationnelle qu'elle reste ouverte m'envahit au point où je revins à plusieurs reprises de la rédaction pour constater l'évidence. Le doute initial se muait en angoisse, puis en certitude que mon domicile faisait l'objet d'un pillage certainement manigancé par une horde de vandales. Comme s'il y avait quelque chose à voler dans cet appartement sans bijoux, plein de piles de vieux journaux et de fringues sans valeur. Car je n'ai jamais trouvé nécessaire de compenser ma laideur par le luxe, certain qu'il s'agirait d'un aveu semblable à celui que suggère une perruque, qui fait la publicité d'une carence tout en trahissant un complexe.

Ce toc se régla par son amplitude. En devenant systématique, il me prenait dès la descente des escaliers, ne me coûtant en définitive que deux ou trois étages à remonter – j'habite au quatrième sans ascenseur. Mais un tel trouble ne toque jamais seul à la porte de la folie. Il se dédoubla en s'étendant au gaz. Cela le rendit bien plus effrayant. L'anéantissement de ma propre vie (la sédentarité moderne nous conduisant à stocker ce qui la remplit dans un lieu unique), en sus d'un drame pouvant déchiqueter tout mon voisinage, aurait achevé de transformer mes jours en supplice infernal. Cette manie se résolut avec celle de la serrure, puisque je fis du deux-en-un. Au lieu de simplement me confirmer la fermeture de la porte, je n'avais qu'à me rendre jusqu'à la cuisine.

Ici intervint le vrai seuil de la démence : lorsque je me mis à défier mes propres inspections. Jusque-là, ce syndrome se manifestait à des occurrences rares, essentiellement au moment de poster une lettre, quand s'étirait l'hésitation entre « Paris / Île-de-France » et « Autres départements », et que j'accompagnais le pli en glissant ma main à l'intérieur de la boîte, afin d'être certain que celui-ci y ait bien pénétré. Cette période troublée généralisait un nouveau délire : douter de l'instant même que je venais de vivre. Je tentais frénétiquement d'ouvrir ma porte verrouillée en brutalisant la poignée, puis vérifiais à nouveau la gazinière deux ou trois fois, jusqu'à poser mes mains sur les cercles noirs des brûleurs. Je m'obligeais enfin à partir en me hurlant intérieurement que j'étais fou, comme si admettre cette vérité me délivrerait d'une névrose qui n'était que la phobie du hasard, du drame invraisemblable dont la probabilité infime ne serait jamais éteinte.

*

Par lassitude, je songeai alors à quitter le journal. Les années Sarkozy marquaient une servilité inédite du *Figaro* à l'égard du pouvoir. Elle s'expliquait autant par l'amitié de la direction avec la présidence que par les intérêts de notre propriétaire, Dassault

– l'État vendant son aviation de guerre. Je n'ai jamais été très politisé, ni tranché dans mes opinions, mais je vivais mal cette somme de flagornerie et de consanguinité (il arrivait souvent que l'Élysée nous appelât pour se plaindre de la couverture de l'action présidentielle). Et puis, mon ancienneté approchait sa trentième année. Cette durée me semblait déraisonnable.

Je reçus une proposition pour rejoindre un *think tank*. L'Institut Montaigne me proposait la coordination de son pôle de coopérations internationales. Je refusai ce poste alléchant, et bien rétribué, qui exigeait trop de ces mondanités que je fuyais. L'hésitation me donna tout de même la sensation d'avoir un peu bougé, la translation mentale m'ayant fait voir d'un œil nouveau la situation. Ces grandes raisons éclipsaient un autre motif de cette démotivation, peut-être le déclencheur de mes *crises* : Frisbee m'avait laissé. Diego avait d'abord échappé au licenciement, renoncé ensuite à la petite fortune de la clause de conscience, et moi je l'avais cru immortel. Il partit du journal en 2009. Effrayé, disait-il, par la crise du secteur. Le séisme des *subprimes* provoqua, en effet, l'écroulement des revenus publicitaires qui avaient gavé la presse durant toutes les années 2000. Nous vivions dans une bulle, la même que les Américains. Renault et Chanel subventionnaient le quatrième pouvoir.

Mais je ne crus pas Diego. Je pense juste qu'il en avait marre et qu'il ne voulait pas le dire. En entreprise, l'ennui se camoufle. Il faut embrasser l'objet social, faire semblant. Comme si on aimait trimbaler des palettes, rendre la monnaie, emballer des beignets. Enfin, pas moi. Je fais partie des privilégiés. Je ne l'oubliais pas, malgré tout. Des amis de Diego avaient ouvert un bar vers la gare de l'Est ; il les rejoignit. Nous avions fêté son départ au même café que le soir de la grève victorieuse. Le service s'était cotisé pour lui offrir une semaine à Berlin. J'étais le seul à avoir pensé à Frisbee : je lui donnai une gamme entière de jouets à mâcher – un ensemble d'os multicolores pour fortifier les dents en s'amusant, pourvus de picots qui masseraient son palais. Les *crises* avaient commencé début 2010, peu après ce départ. Frisbee n'était pourtant pas grand-chose dans ma vie. Rien qu'une petite cale, un carton négligeable plié sous un pied de table, dont le retrait fait tituber. Je passai une poignée de fois dans le bar de Diego. Boire un coup, papoter avec lui, jouer avec Frisbee, m'amuser un moment avant de rentrer. À pied, désormais : je m'étais mis à marcher beaucoup, amassant un oxygène qui me ferait mieux respirer chez moi.

L'Histoire me détourna de mes délires. Avec le grand « H », oui. Il avait fallu ça pour étouffer mes névroses : le plus grand que soi. Le marketing romantique survivait aux années 2000. Après les tulipes kirghizes et les roses géorgiennes, ce fut le jasmin tunisien et l'éclosion d'un printemps. Jusque-là, le monde arabe demeurait figé dans un éternel autocratisme. Hormis le Liban et l'Irak bouleversés par des guerres, le reste demeurait figé dans le formol des dictatures – Moubarak en Égypte, Assad en Syrie, Ben Ali en Tunisie, Bouteflika en Algérie, Kadhafi en Libye.

Depuis mon arrivée au *Figaro*, je n'avais connu que ces militaires insignifiants. Le souffle panarabe et l'utopie tiers-mondiste étaient déjà morts ; aucun après ne s'était dessiné. Ne se perpétuaient que des régimes policiers sans idées, sans idéal. Des matraques et des prisons incarnaient une nuit métaphorique, à peine troublée par quelques intellectuels en exil. De l'effervescence du XXe siècle ne restait que des vestiges subsistant grâce à quelques esprits, et une poignée d'expressions encore citées par ces lettrés – « L'Égypte écrit, le Liban imprime et l'Irak lit. »

De l'immolation d'un vendeur de rue tunisien fin 2010 à la guerre syrienne, l'hallucination démocratique nous shoota deux ans. Avec le recul, l'intervalle tenait du séisme. Non pas géographique : temporel. Sur ce point d'impact, deux plaques tectoniques s'étaient fracassées. Un gros bloc venu des années 2000 contre celui des années 2010. La lutte pour la démocratie se pulvérisait contre ses monstres – Daech, Poutine, Assad. La guerre pour le bien redeviendrait la guerre tout court, pour rien. Je vis encore sur cette plaque tectonique, moi qui vous écris depuis 2019. Je ne sais sur quoi elle débouchera. Des pestes, de la violence, peut-être une vraie apocalypse, celle que craignait (ou désirait) Mireille.

Il serait facile de moquer aujourd'hui nos naïvetés. J'y croyais, moi aussi, à la démocratie. Même si je savais qu'elle n'était pas pure, qu'elle resterait rentable pour ses sponsors occidentaux. Cette Histoire, je n'y participais pas, la vivant juste depuis Paris. À mesure qu'arrivaient les nouvelles d'Égypte, du Maroc, de Jordanie, je prenais conscience de l'impensable : la liberté advenait. Je devine ce que le mot comporte de saugrenu, de presque désuet pour vous. L'eau devient précieuse quand on a soif. L'évidence ici signifiait l'essentiel là-bas, comme manifester sans risquer d'être incarcéré une décennie dans le noir, électrocuté, brûlé, noyé. Ou finir sur un « tapis volant » syrien, cette planche cruciforme permettant d'écarteler un captif attaché.

Ces révolutions me rajeunirent. Un souffle inattendu porta soudain mon quotidien : il s'agissait de coordonner les correspondants, assurer leur sécurité, remplir les nombreuses pages qui nous étaient données chaque jour. Depuis Paris, je multipliai les rendez-vous informels dans les ambassades, où la communication officielle laissait place à une panique généralisée. Les diplomates voulaient absolument faire passer des messages rassurants de leur gouvernement, entre les lignes desquels on sentait une angoisse.

Plus qu'une révocation, un changement de régime dans ces pays peut se payer d'une vie. Leur activisme trahissait cette fébrilité. Parmi les serviteurs consciencieux mais sans affinités idéologiques avec le pouvoir, la tentation de déserter devenait brûlante – cette étape suivait, en général, un réflexe de soutien aveugle à la répression. Après avoir tenté de maintenir le statu quo, l'obstination des révoltés les amenait à une conclusion inverse : le pouvoir en place pourrait tomber comme un fruit gâté. D'autant que les diplomates ont l'heur d'être déjà à l'étranger. Il leur suffit alors de négocier avec les services secrets une protection, qui n'est octroyée qu'aux plus importants, ou de se porter réfugié.

Cette situation m'embêtait moi-même. La soif démocratique me portait, mais plusieurs de mes sources risquaient d'y passer. Des décennies de torture dans un sens préparent des décennies de torture dans l'autre. À l'ambassade d'Égypte en particulier, je comptais une poignée de sympathies. Je passais les voir de temps en temps, avenue d'Iéna. Pour les conférences de presse de l'ambassadeur, mais aussi pour des cafés, comme ça. Ce soin particulier me venait des années 1990. Quand j'étais passé sous-chef, mon prédécesseur m'avait conseillé de choyer cette représentation. Pour son importance diplomatique et l'orgueil tatillon de ce pays à part, à qui l'Antiquité a légué une mentalité de pharaon et le présent une présomption. L'Égypte ne réunissait pas uniquement le Maghreb et le Moyen-Orient par la géographie, elle avait la conviction d'être la proue de ce monde. Cette prétention n'était pas infondée, tant le poids politique du pays influençait les dossiers de la région.

Je dorlotai l'ambassade pour cette raison, et on m'en avait très vite récompensé par cet entretien que j'ai déjà évoqué – celui du président Moubarak pour les dix ans de sa présidence, en 1991. Au fil du temps, des affinités naquirent avec quelques diplomates, en particulier Mohamed et Omar, les deux derniers en poste à Paris. Le premier était chargé du protocole, le second des affaires culturelles. Eux n'étaient pas de grands soutiens de Moubarak. Ils n'ont jamais émis la moindre critique à son encontre, évidemment. Je le devinais à nos échanges, comme je décelais chez eux ce caractère qui fait marcher les États depuis la Mésopotamie : l'obéissance.

Au début des manifestations de la place Tahrir, je me rendis très souvent avenue d'Iéna. L'ambassadeur multiplia les conférences de presse rassurantes, tout en accusant des « puissances étrangères » de déstabiliser le pays. L'amitié avec les États-Unis l'empêchait de nommer la CIA – ce sous-texte, nous l'avions tous compris. Un embarras gagna mes deux amis ; eux-mêmes avaient, dans leur famille, des neveux et des cousins qui descendaient dans la rue. La gêne se transforma en affolement lorsque, quelques jours plus tard, Moubarak démissionna. Il remit le pouvoir à l'armée, mais eux savaient. Moi aussi. Je craignais pour leur sort, et pour mon travail qui se trouverait amputé de deux sources précieuses me valant les papiers les plus informés de la presse française. La chute de ce président signifiait celle de mes habitudes : la démocratie compliquait mon boulot. Cette réalité explique peut-être l'impression curieuse qui me parcourut lors de cet événement. On aimerait que tout change, puis on s'agrippe aux regrets. Mohamed et Omar furent rappelés au Caire à l'été 2012, peu après l'élection de Mohamed Morsi. Un Frère musulman accédait à la présidence, celle qui massacrait depuis toujours cette confrérie et que leur carrière entière avait servi. Nous n'avons pas gardé contact.

*

Les événements semblaient comprimés en une seule grande journée : du réveil de la démocratie aux derniers feux avant la grande nuit. L'afflux d'images et de vidéos venues des réseaux sociaux m'immergeait à Deraa, au Caire, à Tunis. Happé, je passais mes journées à la rédaction, bientôt mes nuits, puisqu'il n'était pas rare que j'en sorte vers 23 heures ou minuit. La chute de Ben Ali en janvier et celle de Moubarak en février lancèrent un effet domino. Les matins, réveillé à 7 heures, j'allumais mon ordinateur pour voir si Assad était tombé, si Kadhafi avait démissionné.

Les mois passèrent jusqu'à un soir de mai. Tandis qu'un crépuscule sublime élançait les Parisiens sur les terrasses, ma rédactrice en chef – celle qui avait succédé à Jean-Luc – vint me voir, l'air embarrassé. D'un ton timide mais directif, elle me parla de *décrocher*. Je n'avais pas pris de congés depuis six mois, rognant mes jours de repos. Oui, oui, répondis-je d'un air absent. Décrocher : le mot m'entêta plusieurs semaines. Il me frappait en pleine lévitation. Même le sommeil avait cessé de m'obséder – je tombais de fatigue à peine rentré chez moi. Seulement, c'étaient des sommeils écrasants, dont je me levais engourdi de migraines.

Je m'étais longtemps moqué de l'addiction au travail sévissant dans nos métiers de passionnés. J'en riais avec Jean-Luc, à l'époque de Patrice, le « petit chef » inspirant mon premier livre. Nos sarcasmes ciblaient un des grands reporters du service qui passait sa vie à la rédaction. Celui-ci, aimant rappeler son début de carrière sous Mendès France, nous offrait une matière inépuisable à blagues. Nous imaginions le retrouver mort, un matin, écrasé par les piles de livres et de journaux qu'il avait disposées tels des remparts sur le pourtour de son bureau. Seul, ayant peu d'amis, sans autre occupation que son travail, il incarnait ce que je me promettais de fuir.

Je glissai sur la même pente en cette année 2011. Si je ne le compris pas, c'est que la dépendance arrive subrepticement. Elle avait un prétexte – un événement historique et la conscience professionnelle de le traiter avec profondeur et exhaustivité – et ce motif était ratifié par tous, car il leur bénéficiait. Les addictions admises sont celles qui profitent aux autres. Moi, cette dépendance me convenait : l'adrénaline de l'actualité coagulait mes peurs. D'autant que l'importance du *Figaro* valait à ses journalistes d'être appelés, relancés, choyés. Je passais de l'ambassade d'Algérie, rue de Lisbonne, à celle de la République syrienne derrière Matignon ; d'autres recevaient informellement dans les salons d'hôtel et les grands restaurants.

Les saignements de nez commencèrent en juin. Le premier se déclencha dans un taxi, alors que je rentrais d'un déjeuner. Le sang tacha ma chemise. Je dus porter mon T-shirt King Fitness tout l'après-midi. Les saignements se multiplièrent. Un médecin m'apprit que je souffrais d'épistaxis, ce qui pouvait signifier dans les pires cas une hypertension, voire une tumeur a priori bénigne. Tumeur : il ne lâcha le mot que sur l'insistance de mes questions, tout en précisant qu'un tel cas ne me concernerait pas. Trop tard, il l'avait dit. Les angoisses revinrent, accentuées par une canicule faisant du début d'été une épreuve digne des Hébreux au désert. Je passai les premières nuits sans pouvoir dormir, desséché par l'aridité, la transpiration enveloppant mon corps, se déversant sur les draps. Fenêtres ouvertes, le bruit fréquent des sirènes m'oppressait, tout comme l'idée de toutes ces âmes surchauffées qui, autour de moi, suaient dans leur lit. De ces nuits, l'on ne se réveille qu'aux aurores les yeux piquants et la tête lourde, après deux ou trois heures d'un sommeil abject.

Il ne fallut qu'une poignée de ces soirées terribles pour que les palpitations reprennent, et deux ou trois de plus pour qu'un malaise m'écarte du travail dix jours. Repos impérieux pour surmenage. C'était la prescription du médecin. Je m'alitai de force, dans un épuisement plein d'excitation, furieux contre mon incapacité à *tenir le coup*. Quand je ne recevais personne (Maman, Papa et quelques proches m'assuraient une visite quasi quotidienne), je me mettais compulsivement à lire, faire du sport, écrire quelquefois.

Je faisais tout dans un grand trouble, pouvant entrecouper mon activité par trente pompes à chaque heure, ou m'infliger l'apprentissage d'une nouvelle langue jusqu'au milieu de la nuit. Je m'étais ainsi essayé au chinois (j'ai vite arrêté), au peul et au sanskrit. Rien n'imprimait ; mes gestes devenaient brutaux, maladroits. Je finis par aller quelques jours à Thiais, retrouvant ma vieille chambre comme un ami d'enfance méprisé mais jamais quitté. Quelques reliques y subsistaient encore. Pour le reste, elle s'était transformée en fourre-tout : fer à repasser, linge à ranger, matériel de randonnée de Papa, draps.

C'est ici, revenu dans l'*omphalos* de ma vie, que s'approcha le 11 août, basculement du demi-siècle. Anniversaire que je redoutais de passer dans une douleur de martyr, puisqu'une rage de dents se déclara quelques jours avant, favorisée par ma fatigue intense. Je ressentis d'abord une gêne en fin de journée, après le goûter qu'Anne était venue prendre à la maison, un point dans une prémolaire que je chassai de mon esprit. La douleur tourna au supplice. Malgré les ibuprofènes, les paracétamols, les poches de glace, le mal persistait, lançait. Rares sont les expériences de douleur aussi pures. Seul un antibiotique calma ce volcan putride.

Je me rendis la semaine suivante au cabinet du Dr Bellaïche pour le soin. Bellaïche était le dentiste de la famille depuis toujours. Depuis toujours, c'est pour dire depuis si longtemps qu'on ne peut dater cette connaissance. Elle se range dans une catégorie étrange, avec les banquiers, podologues, notaires, opticiens, et toutes ces fréquentations sporadiques, sans intimité, traversant nos vies à distance irrégulière, dont on rentre à la maison en disant « Tiens, il a pris un coup de vieux », occultant la gêne d'imaginer la réciproque. Les choses changent mais continuent : toutes les trois ou quatre années, parfois dix, ces relations se postent comme les vrais témoins de nos vieillesses.

Voilà le petit embarras que j'avais eu dans la salle d'attente de Bellaïche en feuilletant machinalement un *Closer*. Son amabilité de professionnel et le constat que lui aussi avait vieilli dissipèrent mon malaise. Je me lovai dans son fauteuil dentaire, apaisé d'avance du soin qui allait me délivrer du mal. Tandis que Bellaïche m'enfonçait la longue aiguille bien en haut de la gencive pour anesthésier le nerf, qu'il ouvrait, trifouillait et obturait, je vagabondai dans mes idées, à moitié bercé par la matinale de Radio Classique en fond.

Occupant mes oreilles comme les siennes, je me mis à imaginer le moment à travers ses yeux. Plonger chaque jour les doigts dans des bouches répugnantes. Quel est le moteur d'une telle vie ? À la réflexion, je ne pouvais conclure autrement qu'en projetant un office comparable à celui de l'exorciste : œuvrer à faire reculer le mal au profit du sain(t) grâce à des instruments – fraise, sondes, micromoteurs – semblables à de petites épées transformant Bellaïche en saint Michel. Car sa vocation était de livrer combat à la mort grignotant de l'intérieur la tête de ses patients. À cette pensée, je ne pus réprimer un spasme de rire qui le fit tressauter. Retirant la fraise et m'invitant à faire attention, il se remit à l'ouvrage. Moi, je repartis dans mon songe, m'imaginant *La Chute des anges rebelles* pleine de caries et Bellaïche, avec son air de chevalier, tentant de terrasser ces forces de pourriture. Le bonheur de ne pas souffrir est un bien mésestimé. J'aurais tant aimé que cette joie simple dure. Ce bien-être m'accompagna une poignée de jours, enjambant un cinquantième anniversaire que je fêtai avec ma famille et quelques amis. Mes angoisses s'espacèrent. Je repris le travail avec plus de distance et me fixai une limite de trois séances hebdomadaires à King Fitness.

VII

Nous sommes notre centre du monde. Enfant, je conçus l'idée que tout avait été inventé pour moi. Que ce ballet de personnes, de lieux, de situations, ne pourrait exister sans ma présence. Je dois dire qu'adulte, il m'est aussi arrivé de penser que *tout ça* ne peuple qu'un vaste théâtre destiné à animer ma vie, à lui créer des événements. Un astrophysicien a un jour parlé du principe anthropique, conditionnant la possibilité de l'univers à la présence humaine. Sans ces yeux pour l'observer, rien n'aurait de sens. L'idée a quelque chose d'absurde : la maison n'existe pas pour justifier la poussière qui s'y dépose. Mais j'y crois, à mon échelle ; du moins ma vie n'avait pas encore détruit cette prétention. Car l'essentiel des malheurs m'avait été épargné, sur la longue liste des calamités tapies dans le champ des possibles : incarcération pour violences conjugales, cancer, accident, chômage, décès, désunion familiale, pauvreté, maladie neurodégénérative, ou simplement un intestin amputé qui me condamnerait à vivre avec une poche de stomie accrochée au ventre et se gonflant à chaque pet.

À mesure des années, je n'étais plus seulement chanceux. Je devenais un rescapé. Parce que la situation ne me semblait pas normale. Les journaux sont remplis de gens au destin indigne dont j'étais devenu l'avers. Épargné par tout, depuis toujours, je vivais logiquement avec la conviction que j'avais de la veine. J'ignore si le génie du christianisme est d'avoir capté ce soulagement pour l'exprimer sous forme de culpabilité pécheresse, mais je ne pouvais me départir de l'idée que je paierais, que je serais bientôt soumis à des événements terribles auxquels les malheureux ont eu le temps de s'habituer et qui, appliqués à moi, pourraient me faire sombrer. Des situations me ramenaient quelquefois à ce malaise. La semaine dernière, un SDF pleurait sur le quai de la station Campo-Formio. Comme les autres usagers, j'étais secoué par cette exhibition de détresse qui tranchait avec la pudeur habituelle face à la mendicité. Cet homme pleurait des larmes chaudes et abondantes. Plusieurs personnes le court-circuitaient en s'éloignant l'air de rien, les yeux cloués au sol. La lâcheté ne se partage pas.

Quant à moi, cette incursion du malheur m'offrit quelques instants de compassion, bien vite éclaboussés par le soulagement de ne pas être l'objet d'une telle infortune. Pour équilibrer, je sortis mon portefeuille – discrètement : il s'agissait que celui-ci n'ait pas la tentation de ma bourse sous les yeux, encore moins qu'une mise en avant ostensible ne conduise à créer un engagement visuel de promesse de don, la rétractation devenant intenable. Je trouvai cinquante centimes et me convainquis de l'insulte que cette somme risible constituerait face à tant de détresse. L'arrivée du métro vint résoudre mon dilemme.

Ne rien faire plutôt que faire. L'abstention devenait mon sort comme celui de la démocratie. Sans m'en apercevoir, je retardais de plus en plus les choses. L'inaction l'emportait. Ainsi du papier peint de mon salon posé en 1987, peu après mon retour d'Irak, rongé par une moisissure bouffant les murs depuis les fenêtres. J'ai passé des années à fixer sa décomposition, me promettant que *ce week-end*... Il fallut qu'un pan en tombe au printemps pour me décider à remplacer cette loque par une peinture claire. J'accumulais aussi de vieux *Figaro* dans lesquels un article m'avait intéressé ; l'amas enflait, sans que je sois capable de savoir quelle information d'intérêt recelait telle édition de 1996. Je devais en avoir quelques centaines, stockés dans l'entrée, puis dans la deuxième chambre transformée en débarras, celle qui ne servait à rien et entérinait une forme d'inutilité bizarre et cruelle. J'étais comme Papa, finalement, à garder tous les bouts de papier.

Ces barrages vains devaient finir par céder. La catastrophe arriva le 14 novembre 2014 : Papa nous quitta. Depuis la retraite, son diabète s'était aggravé. Le médecin lui avait prescrit des bêtabloquants contre l'hypertension. J'avais alors craint la première roche de l'éboulement, l'apéritif de la malchance. À raison. Nous savions, sans qu'il l'admît, que les crises cardiaques étaient encouragées par son état. Son cœur devenait plus fragile, prêt à céder. Je compris que le cadeau paradoxal de ma vie mourait avec ce cœur failli.

Quand Maman m'appela, je restai stoïque. Son chagrin me peinait plus que ma propre tristesse. Dans ces moments, une sorte de décence innée forge un courage insolite : Maman s'efforça de ne rien montrer. Le jour des funérailles, elle ne pleura qu'une fois, lorsque quatre messieurs emportèrent le cercueil. Je croyais tenir, moi aussi. Avant la cérémonie, Anne et Maman voulurent laisser quelque chose à côté du corps. Je courus jusque chez moi rapporter les albums Panini. Je choisis le tout premier. MEXICO 70, le plus important. Au funérarium, je n'entendis rien. J'aurais voulu. Je ne pouvais pas. Je fixai seulement le cercueil posé sur des tréteaux en inox. Il allait voler l'album et Papa. Ma mâchoire serrée empêchait les sanglots, et aussi les mots. Anne lut un texte. J'aurais aimé. Je tins bon, jusqu'à ce qu'on l'embarquât.

Des trains de larmes se mirent à couler. Ce convoi sortait les phrases stockées, qui attendaient dans une cuve saturée. Je ne sais pas exactement ce que ces larmes nettoyaient. Ce qui a été, ou ce qui n'a pas été. Les présents non advenus, où ces mots nous auraient menés. Je n'avais pas eu le cœur de voir le cercueil s'en aller. Anne et Maman s'étaient rendues dans cette petite salle, regarder le rail le jeter dans les flammes. Je préférais m'accrocher à l'illusion : Papa quelque part avec l'album, plutôt qu'un tas de cendres. Je me réfugiai à la cafétéria de l'entrée du funérarium. Anthony et mon beau-frère me rejoignirent. Au distributeur, ils me prirent un café et une gaufre en sachet. Ils disaient que j'avais besoin de sucre. Ils réussirent à me faire rire. Rire me refit pleurer.

Maman ne se remettrait pas de ce départ. Les premiers mois, Anne et moi fîmes bloc autour d'elle, séjournant l'un ou l'autre à Thiais, l'accueillant chez nous. Chaque semaine, nous allions au cimetière visiter la stèle de Papa, prenant l'habitude de nous promener dans les allées. Une poésie de pierre tombale accueillait notre peine.

Regrets éternels.

Le temps passe, le souvenir reste.

À Lisieux, nous avons prié pour vous.

Éloignée des autres par une poussée de sénescence, les absences de Maman devenaient fréquentes à mesure que son audition se dégradait. Son regard vague arrivait tout juste à transpercer les vitres du salon, qu'elle quittait de moins en moins. Elle avait quatre-vingt-deux ans. Je ne l'avais jamais réalisé comme ça : quatre-vingt-deux. La vieillesse n'est pas linéaire ; on croit avancer droit, puis d'un coup on jette son pas dans un aven. L'âge de Maman me suggérait celui d'Anne, approchant les soixante. Le chiffre me giflait. Sans enfants, cette autre façon de différer ses angoisses, je demeurerais avec des êtres ascendants. À nos âges, on ne grandit plus : on vieillit seulement.

C'est chez Anne, à Ivry, que Maman tomba pour la première fois. Une chute anodine, dont elle s'était relevée seule. Les mois passaient et la maison prenait un aspect louche, sale. Nous retrouvions parfois de la nourriture oubliée sur la table, des traces d'urine à côté des toilettes. La peur pour Maman effaça le chagrin pour Papa. Un aide à domicile passait désormais tous les matins. C'était un jeune homme gentil, serviable, qui l'aidait à s'habiller et se laver. Quand c'était possible, nous passions nos soirées avec elle. Maman paraissait consciente et inconsciente de sa diminution. Entrée dans un intermonde bizarre, où les autres vivants s'éloignaient paisiblement, aucun regret ne semblait la traverser. Lorsque j'arrivais à la maison (la rédaction, compréhensive, me laissait partir à 17 h 30 ces jours-là), elle m'accueillait avec une boisson et me questionnait comme avant, comme son fils. À mes réponses, elle acquiesçait dans le vide, au mauvais moment. L'air de dire qu'elle était là, même si c'était difficile.

Puis nous jouions, jusqu'à 21 heures. Souvent au Scrabble et aux dominos, presque toujours au Mille Bornes, avec lequel on clôturait la session du jour. On en fait un ? Maman le proposait en désignant la petite boîte désuète aux angles usés par les étés au camping, avec son slogan ancestral – *Le jeu du coup fourré*. Ce coffret, je ne pouvais le regarder sans que me vienne l'image lointaine de la lampe-tempête posée sur la table pliante et la tornade d'insectes qui volait autour. La soirée s'achevait devant le poste, où Maman s'endormait systématiquement après quelques minutes. Sa tête obliquait, elle ouvrait sa bouche comme un poisson ; elle avait alors pénétré dans le sas du demi-sommeil, la chute de sa tête la réveillant, ce redressement étant suivi d'un nouvel endormissement. Elle insistait pour mettre des feuilletons, ou les polars régionaux de la 3 au motif qu'ils la faisaient voyager.

J'en profitais pour lire mes journaux en retard. Le plissement des feuilles lui était devenu inaudible. Un soir, Maman s'endormit dès le générique de l'émission *Des racines et des ailes.* J'en profitai pour zapper sur la 5, qui diffusait un long reportage sur l'État islamique. Nous devions être en 2016 : je me souviens de leur déclin en cette période – les attentats en France provoqueraient l'anéantissement du califat de Daech quelques mois plus tard. La sécurité des journalistes que je faisais travailler là-bas me valait des inquiétudes, quelquefois des angoisses en pensant au pire (capture, mort, torture). Ce danger avait conduit la rédaction en chef à ne plus y envoyer nos reporters. Hypocritement : l'attention planétaire portée sur la zone nous obligeait à la couvrir, ce qui conduisait à s'en remettre à des pigistes sur place.

L'anxiété pour leur sort me revenait devant ces images quand l'inouï arriva. C'était une séquence sur les origines irakiennes de Daech, qui avait fermenté dans les prisons du pays où islamistes et cadres de l'armée dissoute de Saddam Hussein pactisèrent. Hassan Al-Hamdani : la mention me foudroya. Ils parlaient d'Hassan. Le documentaire le décrivait comme un pilier occulte du mouvement. Avec d'autres officiers, il avait importé des méthodes de l'armée baasiste. Une pointe d'émotion et de dégoût comprima mon ventre. Je saisis mon ordinateur sur le fauteuil d'à côté. Après quelques recherches, je découvris stupéfait la trajectoire d'Hassan. Ou ce qu'en laissaient comprendre les éparses mentions de son nom (parfois orthographié Amdani ou Amdouni), que je cherchai aussi avec un traducteur sous la forme arabe, حسن الحمدني . Il avait été détenu par les Américains en 2004 dans la prison d'Abou Ghraib. Je sursautai à la lecture de ce nom d'épouvante, où avait été documenté l'innommable : détenus tenus en laisse, viols, électrocution, morsures de chiens, aspersion d'urine, de sang et d'excréments. Hassan…

Étourdi, je sortis quelques minutes dans le jardin, prenant une Camel qui traînait sur le buffet, dans un paquet certainement oublié par mon neveu. Une longue pensée me traversa, une pensée triste et émue puisqu'elle me ramena à la gratitude infinie pour son geste qui m'avait sauvé il y a trente ans. La trace d'Hassan se perdait après la mention de cet emprisonnement, avant de reparaître une décennie plus tard. Il était devenu un dirigeant important de l'État islamique dans la région de Kirkouk. Cette fonction, je l'apprenais en même temps que sa mort. Un article en anglais évoquait un bombardement fatal, et se félicitait de l'élimination d'une cible.

*

Quelque temps plus tard, Maman retomba. L'aide à domicile l'avait trouvée à côté de son lit, une égratignure sur le front et un peu de sang au sol. Le médecin diagnostiqua une entorse à la cheville. C'est rien, ça va, répétait-elle. L'air hébété trahissait une absence : son être entrait en pause. Elle ne pouvait plus rester seule. Nous occuper d'elle ? Anne avait sa famille ; moi, mon travail. Qui, à vrai dire, ne m'empêchait pas totalement : je pourrais trouver une aide pour la journée, venir après. Mais quelque chose me retenait, un je-ne-sais-quoi de liberté, ou de fuite devant la contrainte. Un samedi après le dîner, nous en parlâmes sur la terrasse pendant que Maman dormait. Je tripotais obsessionnellement mon verre, cerclant son rebord avec mon doigt, fixant sans raison la haie. Anne finit par dire le mot, l'acronyme répugnant que je n'osai prononcer : Ehpad. Établissement d'hébergement pour personnes âgées dépendantes. C'était logique, devisions-nous : il devenait trop compliqué de la prendre en charge nous-mêmes. Et puis, en cas de problème, un personnel qualifié pourrait intervenir. Et puis, nous irions la voir souvent. Et puis, et puis. J'entendais bien la tristesse, tapie dans la gorge d'Anne, en retenir la parole pour la charger de sel.

Anne était plus courageuse que moi. Elle avait dit le mot, elle avait fait exister sa réalité. Sans rien dire à Maman, nous revînmes à la maison le week-end d'après et, l'ordinateur posé sur la table de la terrasse, nous cherchâmes les options, tombant très vite sur Les Jardins de Thiais : deux mille quatre cents euros par mois, à proximité de la maison. Notre visite sur place, le lendemain, confirma les cinq étoiles majoritairement attribuées sur Google. On sait que les commentaires sont manipulés, mais ils nous rassurent quand même. J'appréciai en particulier celui-ci, posté par le pseudo Ruta Nobre : « Très bon accueil. Personnel aimable et résidents bien traités. » Une place venait de se libérer, l'entrée pourrait se faire sous quinze jours. Il fallait l'annoncer à Maman. Anne avait accepté de se dévouer. Elle posa une main sur son avant-bras, presque comme une caresse. Maman, tu sais… et c'était fait. Maman ne répondit pas, répétant un « oui » machinal qui n'était pas une approbation, encore moins un consentement – plutôt une écoute. En fait, elle ne répondrait jamais.

Ce soir-là, je quittai Anne sans un mot, évoluant mollement dans le RER et au supermarché, ralenti par un état vaporeux. J'arrivai chez moi avec deux sacs de courses pleins. Le pain de mie tomba dans mon entrée. Le ramassant, je me heurtai le crâne au coin de la console. Ce micro-événement me remplit d'une rage immense : j'envoyai un coup de pied dans le meuble, puis sur la porte des toilettes. Ce geste insensé me débrida. Je me mis à démolir une chaise sur un mur et à mettre de grands coups sur l'armoire jusqu'à en fissurer la porte. Allant à la cuisine, je lançai à terre une étagère dont le verre explosa dans un fracas gratifiant. Tout à coup, je retrouvai la saveur de frapper. Mais je m'ouvris la main : la base de mes doigts saignait abondamment. Dans une seconde de lucidité, je me forçai à sortir avant l'irréparable.

Divaguant plusieurs heures de mon quartier aux quais de la Seine, je finis par dormir dans un hôtel à trois cents mètres de chez moi. Je recommençai les nuits suivantes. Affronter mon chaos domestique m'était insurmontable. L'expérience n'était pas désagréable : la sensation de voltiger au-dessus des obligations avait quelque chose d'enivrant. Ces jours-là, j'expérimentai une sorte de cavale avec moi-même. Cette errance m'emmenait dans les fast-foods et les épiceries de nuit, où je payais plus cher pour avoir tardé à céder devant l'envie de boire et de fumer.

T'as l'air sale, me dit Anne d'une voix noire, posant sur mon corps un regard anxieux. Je bafouillai une justification : elle avait raison. Je ne m'étais pas changé depuis dimanche, craignant de rouvrir la porte du désastre. J'avais dû retourner ainsi à Thiais, le samedi d'après, pour rassembler les affaires de Maman. Le rendez-vous d'admission aux Jardins était à 17 heures. Anne tentait malgré tout la bonne humeur. Maman, elle, faisait mine de participer, mettant quelques bijoux dans une boîte, rassemblant des produits de beauté. Je restai au rez-de-chaussée pour un grand ménage, récurant avec méthode chaque recoin du buffet, les toilettes, soulevant les coussins du canapé pour y ôter les miettes. Il y avait une odeur de pisse, là-dedans. Je bombardai la zone avec un pschitt désinfectant, j'achevai l'ensemble de la pièce à la serpillière. Maman redescendit à ce moment-là ; ses semelles salirent le sol. Je lui criai dessus, putain, tu fais chier. Effrayée, contrite, elle s'excusa immédiatement d'une voix tremblante, et alla s'asseoir sur une chaise en plastique de la terrasse. De derrière, je vis son dos hoqueter. Anne me lança un regard exaspéré et la rejoignit. Je ne bougeai pas. Honteux de ce que j'avais provoqué, trop obstiné pour m'excuser.

Ça a été l'heure du départ. Je portai les sacs jusqu'à la voiture, tandis qu'Anne prenait Maman par le bras, voûtée comme jamais. Depuis la place du passager, je la regardai fermer la portière. Certes, nous reviendrions souvent à la maison (promesse lui avait été faite d'y passer les week-ends), mais ce geste anodin scellait une vie. Je demeure terrifié par l'idée que des choses immenses se closent sur des gestes un million de fois répétés. Une fois, ce sera la dernière, aussi banale que les autres. Ce qui me questionne : soit chaque claquement de portière est exceptionnel, soit aucun ne l'est.

L'accueil aux Jardins fut chaleureux. Après une visite de l'établissement où Maman commenta la beauté du parc, nous restâmes tous les trois dans son studio, au premier étage. Il disposait d'un petit balcon. Assis ensemble sur le lit, échangeant des banalités, entourant Maman de nos présences dérisoires, nous nous attardions là, à nous émerveiller des fonctionnalités de la chambre – notamment de sa salle de bains où Anne s'accrochait aux barres de maintien pour prouver leur ergonomie. Nos enthousiasmes étaient une manière d'apprivoiser le malheur, d'oublier qu'ici quelqu'un avait dû mourir récemment. Nous restâmes jusqu'après le dîner. À 22 heures, un infirmier vint nous trouver. Il fallait y aller, lui aussi devait partir, à l'entrée ne restait plus qu'un vigile, et il disait tout ça dans un sourire plein de compassion dont j'imaginais qu'il était l'un des articles les plus usités de son stock d'humanisme. Mais ce sourire nous faisait du bien, et c'est ce qui m'impressionna si souvent aux Jardins : même impersonnelle parce que répétée, l'empathie fonctionnait.

Nous embrassâmes Maman avec plein d'engagements – l'appeler, la revoir au plus vite. En fait, elle ne me quitta pas. Sa présence était là, auprès de moi. Dans le RER jusqu'à Paris, quand je tournai la clef dans la serrure puis la brosse à dents dans ma bouche. Est-ce qu'elle dormait, veillait, angoissait, criait ? Sa nuit était peut-être atroce, cette idée m'obsédait à force d'y penser. Si je l'appelais ? Dormant, elle ne répondrait pas ; éveillée, l'appel serait un secours. Je tentai vers 2 heures, échouant sur la messagerie. Maman dormait. Ou bien elle ne dormait pas mais n'avait pas rallumé son téléphone qu'elle avait éteint pensant dormir. Je ne trouvai pas le sommeil avant 4 ou 5 heures, m'agaçant qu'une envie pressante ait coupé mon endormissement. Le lendemain, je me réveillai avec l'impression qu'une ruche avait poussé dans ma boîte crânienne. Un texto d'Anne prévenait : « J'ai eu Maman, tout va bien. » Je l'appelai tout de même. Sa voix était douce, l'infirmière venait de la visiter. Gentille comme tout, m'avait-elle dit. Comme tout, c'était joli. Comme si *tout* était postulé *gentil* : le grand tout qui nous entoure serait bien intentionné.

Nous passâmes le premier week-end ensemble, à la maison de Thiais. Cette fois-ci, il y avait mon beau-frère et mon neveu. Maman avait vécu une semaine paisible pour une arrivante, disaient les soignants. Le jeudi, de l'urine avait été trouvée à côté du fauteuil. Il avait fallu lui mettre une couche pour la première fois. Maman semblait heureuse de rentrer. Seulement, à la maison, elle plongeait d'un air épuisé dans le fauteuil du salon pour ne plus y bouger. Elle parlait peu, presque étrangère au lieu. Le dimanche se termina par une promenade au parc de Choisy, avant le retour aux Jardins. La balade était courte et nous nous assîmes souvent. Mais les souvenirs revinrent par paquets. C'était ici que Maman nous emmenait jouer. Sa mémoire travaillait, relancée par cette essence qu'on appelle la joie. Elle se mit à raconter la fois où j'avais enlevé les roulettes qui stabilisaient mon vélo d'enfant. J'avais tenu en équilibre, à ma grande fierté. Peu à peu, le parc se repeuplait de nos *moi* passés. Anne y avait emmené son premier copain, embrassé derrière les arbres de la fontaine qui n'existait pas encore. Puis il était 17 heures, c'était l'heure. Nous reprenions la voiture jusqu'aux Jardins, et ce dimanche 17 heures devint notre habitude.

En semaine, j'appelais Maman tous les soirs, juste après le dîner. Quand je raccrochais me venaient les mêmes questions : pourquoi est-elle là-bas, pourquoi sommes-nous séparés alors qu'il ne tiendrait qu'à nous de vivre avec elle, était-on plus heureux à l'époque où l'on vieillissait ensemble, dans une seule maison ? Mes emballements cardiaques recommencèrent à empoisonner mes nuits. La peur que le cœur lâche tient du supplice. Au journal, j'avais demandé à être déchargé de mes responsabilités ; on me l'avait accordé.

Maman était *dépendante*. Le mot est propre, pas sa réalité. Les couches devinrent permanentes. Avec le temps, il fut impossible de la garder plus d'une journée à la maison. J'ai dû m'occuper quelquefois de ses incontinences. Nettoyer, laver, changer : je n'ai pu le faire que dans la pénombre, détournant les yeux des fluides élémentaires que la vieillesse ne cache plus, et des organes d'où ils sortaient. Maman perdait l'appétit. Elle laissait jusqu'à la moitié de son plateau. Les soignants s'en inquiétaient. Vers cette époque, elle ne montra plus d'enthousiasme lors de ses retours à la maison. Les déplacements lui étaient devenus pénibles, le foyer étranger. À partir de 2018, elle n'y est plus revenue. La maison resta plusieurs mois inoccupée, fantomatique.

Qu'en faire ? Il fallut les vacances d'été pour que nous décidions d'un grand rangement et d'une mise au propre, en attendant. En attendant : le participe présent se transformait en ligne de vie commune. Attendre, attendre, attendre, toujours attendre. Le mouvement dans l'ennui, le succès dans l'action. Vie d'attente sans espérance qui maintenant s'était étendue aux miens. Nos rencontres n'avaient plus lieu qu'aux Jardins, hormis Noël 2018 qu'Anne avait organisé chez elle, à Ivry. Maman, qui avait perdu une poignée de kilos, ne se souvenait plus de sa maison. Elle avait voulu rentrer aux Jardins dès l'après-midi.

*

J'ai commencé peu après à écrire ces lignes, dans ce mois de juillet où la canicule m'oblige à passer la journée les volets fermés. Je devais faire le point. En commençant par le début, Thiais. Jusqu'à cette fin, Thiais. Qu'au fond, je n'ai jamais quitté. Tel un satellite, j'ai tracé une grande révolution, en orbite autour de cette étoile dont l'éloignement ne m'a pas dépaysé. J'ai découvert tant de mondes nouveaux, mais toujours à travers la même vitre. Ils m'ont tout au plus permis de divertir la réclusion perpétuelle en moi, dans mon corps et ce passé où reste tapi Belle Épine, ses désirs, les immeubles tristes, ma jeunesse d'ennui et ses quelques joies minuscules mais finalement belles, parce qu'elles étaient nouvelles et que le temps n'avait rien émoussé.

Peut-être ma famille avait-elle l'intuition de cette astrophysique curieuse : puisqu'eux restaient et que je m'en allais, la distance fut mon seul problème. Bien sûr, ils s'étaient intéressés à mes voyages, m'avaient intimé de faire attention. Mais toujours un peu en l'air, comme s'ils n'avaient pas été tout à fait concernés. Un souvenir microscopique me revient pour élucider cette impression. C'était juste avant d'aller à Bagdad. Toute la famille s'était réunie chez Mamée. Elle était encore là, posée sur sa grosse chaise gériatrique qui avait l'air bien confortable. Les crêpes de la Chandeleur célébraient ce jour-là mon départ. De ce repas, je me souviens surtout d'un chagrin inavouable.

Tous s'étaient enthousiasmés pour ce grand déplacement, me posaient des questions dont les réponses atterrissaient sur des visages interdits, endormis par un air vague à l'évocation d'une réalité si peu identifiable – et non pas seulement lointaine, car s'il s'était agi des États-Unis, Papa m'aurait donné des conseils sur le taux de change (il était déjà allé à Londres), ou évoqué l'expérience de location malheureuse d'un collègue voulant traverser le Tennessee en voiture. Là, je voyais bien à ces moues que le sincère effort d'intérêt ne leur suffirait pas à se sentir impliqués.

Ils compatissaient juste, de loin, au sort de ces damnés aux vies détruites par la guerre, et de la cohorte de Blancs (humanitaires, politiques, journalistes) qui tentait de les en dépêtrer.

Cette distance s'appliquait à moi, car leur inquiétude n'avait qu'un objet trop gazeux pour se fixer. Seulement, j'avais peur. J'aurais aimé qu'ils s'angoissent. Que ce risque me vaille un petit héroïsme, parce que je jouais là une importance déplacée. Leur souci aurait été la marque de leur amour, l'occasion inédite de le sentir : dans mon monde sans excès, où les digues sont dressées pour que les émotions soient admises sans rien bousculer, exprimer une telle affection n'a aucune occasion d'advenir dans le quotidien. Celle-ci aurait pu en être une ; elle avait été ratée. Cet au revoir n'était pas digne de mon attente, de l'événement que je m'apprêtais à vivre. Pour eux, il ne signifiait rien, rien d'autre que mon envie à moi.

Je me souviens avoir adopté deux attitudes compréhensibles et idiotes. La première fut d'accroître la taille des dangers auxquels j'allais m'exposer, les surligner pour faire comprendre que je pouvais en mourir – mais ils avaient continué d'acquiescer d'un air d'évidence, ce qui était peut-être un moyen d'être à la hauteur de cette perspective, de ne pas faire peser sur mes rêves le poids de leur anxiété. Cette pudeur m'était incompréhensible à cet instant où, moi-même, j'étais traversé par mille angoisses. Alors, j'avais cessé de parler. C'est ce moment qui surgit de ma mémoire lorsque me revient le film de cette journée cruelle : le souvenir du scratch de la chaussure orthopédique de Mamée qui pendait en l'air. À cause des varices, elle portait des bas de contention que Papa comparait à des chaussettes de foot, et ne fermait plus ses chaussures en mousse dont les gros scratchs noirs se dressaient sur ses pieds comme des antennes, antennes que ma tristesse fixait encore.

*

L'année dernière, en 2018, j'ai fini par quitter le service étranger pour le service voyages. Rares étaient les occasions d'y entrer. Par chance, une place se libérait dans ce bureau où l'on ne pénètre que par cooptation interne. L'intégrer signifiait être rémunéré à passer sa vie en vacances : l'activité consistait à évaluer des hôtels, défricher des itinéraires, tester une destination, informer sur les *trends*, comme on les appelle ici. Finis les malheurs du tiers-monde et les guerres, je m'occuperais dorénavant de masturber l'envie d'évasion du lecteur aisé. J'ai longtemps méprisé ce service dont l'existence revient à colporter les images d'un monde mensonger, expurgé des conflits et de la misère. Mais j'ai cédé, comme ceux avant moi qui ont moqué ces journatouristes payés à remonter le Nil ou à faire la Toscane par la route des vins, voyant la soixantaine approcher, la retraite se profiler, et l'usure de traiter d'un malheur que le temps révèle morne et insoluble.

Intégrer un tel service revenait aussi à jouir d'une liberté sans égale dans la rédaction, la matière étant frivole, non liée à l'actualité et sans enjeux de pouvoir. Je testai un tour d'Andalousie à l'automne, j'accompagnai une croisière musicale entre Amsterdam et Bruges des Voyages F, l'agence de tourisme adossée au journal qui propose des escapades à plusieurs milliers d'euros, escortées par des journalistes connus de la rédaction ou des personnalités. La situation de Maman m'obligea à décliner d'autres voyages, ce qui me cantonna aux papiers pratiques : comment renouveler son passeport, les conséquences du prix du baril sur celui des billets d'avion, cinq astuces pour bien faire ses bagages.

Avec le temps, les appels du soir à Maman se sont faits plus brefs. Elle avait de moins en moins envie de parler, abrégeait ses réponses. Des latences étourdissaient nos échanges. Aux Jardins depuis trois ans, son univers s'était peu à peu rétréci aux frontières de l'Ehpad. La télévision demeurait sa seule fenêtre sur l'ailleurs, et cet ailleurs lui suffisait. Même si le poste restait allumé, Maman ne le regardait activement que trois ou quatre heures par jour. Elle s'efforçait de manger dans la salle commune, y rejoignant d'autres résidents. Je n'allais plus la voir que le samedi – Anne avait pris le dimanche. Je venais en fin de matinée, puis restais jusqu'à 14 ou 15 heures, déjeunant dans la grande salle où je voyais bien que Maman paradait un peu devant les résidents abandonnés des leurs.

Je voyais aussi sa lassitude. À quatre-vingt-sept ans, son état ne lui permettait plus de sortir. Il fallait se résigner à cette vue sur le jardin, ce petit immeuble confortable et laid. Après le déjeuner, Maman s'endormait sur son fauteuil. Assommés par l'inanité des programmes télé de l'après-midi, nous n'avions rien de plus à nous dire. Elle ne se plaignait pas, et camouflait son mal-être en posant des questions sans s'intéresser aux réponses. Un samedi, elle brusqua un silence : c'est long, quand même. Et les mots me manquant, j'avais serré mes lèvres dans une expression me donnant un sourire inversé. Ni oui ni non : elle avait raison, je la comprenais profondément, mais acquiescer c'était la jeter ailleurs, là où je voulais qu'elle n'aille jamais.

Il vint ainsi, le moment où nos vraies vies se laissèrent. Les années, les joies, les brouilles qui avaient esseulé notre famille, à quoi bon maintenant. Durant le retour, un vide m'écrasait. Je descendais les avenues jusqu'à la gare RER de Choisy : René-Panhard, Gambetta, Jean-Jaurès. Je préférais marcher, même si le bus aurait pu m'y emmener plus vite. De grandes avenues, du trafic, des bâtiments échoués dans le futurisme des Trente Glorieuses, lieux où la mémoire se dépose mal. Elle n'est que le pari des souvenirs, et dans ces endroits ils ne se collent pas. Puis il y avait l'attente du RER qui, les jours de froid, était adoucie par les grilles chauffantes du quai, autour desquelles tout le monde s'agglutinait.

C'étaient les heures nues de l'après-midi, désertes de sens comme d'amour. Je tentais parfois d'ouvrir un livre, ne comprenant rien à la demi-page lue, finissant par laisser traîner mon regard sur ce paysage sans surprise. Ces creux qui me révoltaient, je les accepte désormais. Le présent trie nos métamorphoses. Reste le refus de s'accrocher à des excuses : je n'en ai pas. Pour aimer sa vie, il faut aimer autre chose. Des idées, les autres. Moi, je laisse Maman finir ses jours seule devant la télé. Qu'est-ce qui m'empêche de m'en occuper, si ce n'est une liberté sans objet ? Conservée pour être tranquille, pour fuir la contrainte, parce que je peux payer.

*

J'étouffe ces jours-ci. Le prolongement de mon arrêt, dans ce creux entre juillet et août, m'oblige à m'occuper. Les températures viennent de monter à un point insupportable. Jusqu'à 39 °C la journée, pas moins de 28 la nuit. Je suffoque. Je voulais aller voir Maman, mais le RER est hors service. La chaleur a dilaté les caténaires, l'électricité ne passe plus sur les voies. J'ai appelé Maman, qui ne souffre pas de la température : la clim neutralise les sens. Je le vois aussi à King Fitness, où je me rends au moins quatre heures par jour, juste pour respirer. J'y prends des cafés, leur salon n'est pas trop mal. Il y a *Le Parisien*, Internet. Cet endroit rend mes pantalons supportables. Je ne mets jamais de short, par honte d'exhiber la peau brûlée que l'Irak m'a laissée.

Ce soir, la chaleur m'empêche de dormir. Les murs et le goudron se transforment en radiateurs. Je prends une douche froide, me couche sur mes draps pas défaits. Chaque partie de ma peau en contact avec le lit transpire quand même. Agacé, je me tourne et me retourne ; les heures passant, ma tête devient lourde et l'irritation cède la place à l'angoisse. Mon corps garde la mémoire des anxiétés et, immédiatement, cède à la panique. Mon pouls s'accélère, j'ai besoin d'écrire. Qu'il reste trace de cette nuit, d'une telle vie. Maman, sa pensée me vient à nouveau. Ma petite Maman, qui n'est plus propre, qui a les chevilles pleines d'eau, ses jambes comme des poteaux et une arthrose qui lui tord les phalanges. Des ciseaux invisibles lui déforment les mains. L'autre fois, sa tête lui a inventé un salon imaginaire : elle voulait coiffer. Anne lui a acheté une poupée.

Elle doit dormir, à cette heure. Ou peut-être pas. Nos solitudes ne se mélangent pas. Je l'ai choisi ainsi. Des absences calculées plutôt que des présences imparfaites. Maman m'en veut-elle ? Mon plaisir lâche me persuade qu'elle ne le peut. Trop sénile, trop habituée à la normalité de l'exil *ante mortem*. Maman devait m'en excuser, car elle m'excuse toujours, persuadée que je suis très occupé. L'inconfort, avec la fatigue, devient intolérable. Ce n'est plus un vêtement qui m'indispose, mais ma peau même, la simple enveloppe de chair. La moindre partie de mon corps touchant une matière me procure une sensation écœurante, comme mes fesses qui transpirent sur l'osier de la chaise et ce slip dont les coutures humides me les étranglent.

La fenêtre, grande ouverte, ne laisse entrer qu'un air chaud, semblable à celui que crachent les grilles de parking sur lesquelles s'entassent les sans-abri s'en relevant plein d'escarres. Il pénètre chez moi par gros paquets presque immobiles, m'apportant avec lui la clameur berçante des quelques voitures passant à toute allure sur le boulevard d'à côté. Cet oxygène, qu'un pic de pollution sature de particules, se mêle parfois à des cris et des bagarres. Les nuits chaudes échaudent. Elles nous figent dans nos peaux. En entendant ces hurlements, je médite : si les vivants sont des condamnés à mort, les morts sont-ils des condamnés à vie ? Mon délire se figure un pays des morts où les crimes seraient punis par des années sur Terre. Et je ris en imaginant la détresse accablant les malheureux prenant quatre-vingts ans fermes.

Trois heures : à cette heure, les débuts et les fins n'ont plus cours. La nuit devient insensée, c'est une piscine trop grande. À Paris la nuit incarcère. Les ciels n'y ont que les reflets rougeoyants d'un incendie. Nulle étoile, nul vertige, simplement le couvercle d'une marmite. J'entrevois l'horreur de mourir de chaud qui, à la différence de celle de mourir de froid, n'a pas d'échappatoire. On peut se couvrir, pas se dépecer. Expérience de l'inhospitalité radicale : la vie n'a plus de place. Cette pensée grandiose s'accompagne d'une autre, abominable, de ne plus avoir de maison dans l'immensité. Que tout soit hostile, inhabitable. Alors tout continuerait absurdement, sans vie. Je me concentre sur cette pensée, et ne suis pas au clair si le non-sens vient que tout continue sans elle ou que tout continue avec. Cela nous est bien mystérieux. Tant mieux.

Je n'ai jamais eu assez d'âme pour croire. Seulement, ce que je dois bien qualifier de « loi » m'a toujours troublé : il est impossible de saisir les naissances, les surgissements. On ne s'approche du Big Bang que d'une milliseconde, du fœtus mais pas de sa genèse, ni des alliages qui naissent dans le feu. Entre zéro et un demeure un inexplicable. Les seuils des métamorphoses sont tenus secrets. La vie se qualifie en son centre et se brouille dans les extrémités. Comme tous les adultes, j'ai une théorie d'enfant pour m'expliquer ça. Je crois que nos mouvements s'entortillent autour d'une grande chose ineffable, une espèce de bâton. On tourne autour, on le touche. Tout près, le sens paraît évident ; loin, c'est le chaos. Cette théorie d'enfant me semble plus vraie que n'importe quelle démonstration, alors j'aime la garder. La vérité n'est de toute façon qu'une sensation de vérité.

J'ai un jour parlé de cette théorie à Diego. Pour lui, ce bâton s'appelle « Amour ». Il soutenait qu'il n'existe fondamentalement que deux forces, une qui attire et une qui disloque – l'Amour et son contraire. Moi, je ne sais pas. Je n'ai pas vraiment aimé ; je n'ai pas vraiment détesté non plus. Rien d'autre que moi, en tout cas. La colère est une aiguille et un fil, elle peut recoudre le bon comme le mauvais. Quel est ce territoire entre les deux ? Comment le nommer ? Intermédiaire, médian, moyen, médiocre. Même ses adjectifs sont insignifiants. Il y a des lieux où n'existent ni l'amour ni la haine. Des lieux, ou des vies, éperdus dans cet entre-deux auquel échappent les lois tragiques du cœur, semblables à ces singularités de l'espace-temps où l'on ne sait quelle physique s'applique. Peut-être aucune, peut-être fais-je partie des atomes oubliés telles ces babioles laissées dans une cave, ni utilisées ni jetées, seulement là, matière fixée dans l'attente, l'ennui, l'hypothèse perpétuelle.

On aime lire des vies courtes. Elles mentent. L'existence, pour beaucoup, dure trop longtemps. On s'y attache par manque de choix, comme on chérit une technologie tant qu'on ignore son innovation – le magnétoscope avant le DVD, le DVD avant YouTube, et le souvenir de rembobiner une K7 équivaut à frotter des silex. Alors, il faudrait persister tristement parmi ces amis que sont les poignées, les fourchettes et les rideaux de douche, composant une algèbre de la solitude avec toutes ces choses inutiles qui n'ont modelé aucune vie, c'est-à-dire servi à croître ou à détruire. N'ayant ni enfanté ni tué, je reconnais en ces objets des camarades dans la stérilité, la même que me murmuraient finalement mes éjaculations adolescentes, et toutes ces viscosités mortes de n'avoir rien fécondé.

Reste à savoir si nous gênons. Comme à cette heure où, visitant quelqu'un, on ne sait si le prolongement de notre présence sied ou importune. C'est vrai, ça : est-ce que je gêne ? Est-ce que je justifie ma capture d'oxygène ? Une image répondrait mieux que moi : avez-vous déjà prêté attention à la nature au bord des nationales ? Ces territoires louches où une végétation sans intérêt et une faune repoussante de rongeurs vit parmi les sacs plastique Intermarché, les canettes de Coca, les pneus et les rétroviseurs cassés, au milieu du bruit et des fumées d'échappement. On ne prête jamais attention à cette nature de bas-côté, tout simplement parce qu'elle est nulle, parce que sa végétation est ratée. Mais elle joue son rôle : verdir notre regard, accueillir les déjections routières, abriter des oiseaux. Héberger quand même la vie. Indignes d'intérêt, à peine décoratives, ces fougères et ces ronces n'ont d'autre choix que de *persister*, je veux dire de fomenter des écosystèmes malsains, hybrides.

Je divague souvent en ce moment. Je ne prends plus mes médicaments. La canicule décuple les effets secondaires. Le Seroplex me fait vomir. Il m'isole : je ne vois plus Maman, ni personne. Mon arrêt vient d'être prolongé une cinquième semaine. Je reste seul depuis un mois, depuis l'ultime sortie qui bouleversa tout : j'ai revu Claire. C'était un samedi. Rentrant des Jardins de Thiais, je décidai d'aller au cinéma. J'arrivai un peu en avance. Tandis que défilaient les bandes-annonces, mes yeux balayaient l'escalier où se pressaient une poignée de retardataires. À cet instant précis, une silhouette se détacha. Son allure, sa démarche : une convulsion me secoua. C'était elle.

J'en étais certain, malgré la pénombre, malgré les années. Sudation, tremblements, je ressentis les effets d'une décharge. Claire n'était pas seule. Une adolescente l'accompagnait. Certainement l'enfant vue sur Facebook il y a longtemps. Elles s'assirent devant, au troisième rang. M'avait-elle vu ? Je me rassurai, il était improbable que mon physique rangé dans l'obscurité parmi les inconnus ait attiré son regard, d'autant qu'un réflexe me fit tourner la tête. Elle avait pris place sans le moindre trouble, absorbée par une discussion avec sa fille.

Le film commença. Mon seul écran devint cette chevelure brune. La photographie mentale que j'avais conservée de son entrée se brouilla très vite. Mon cerveau l'exploitait trop, telle une image usée à force d'être montrée. Je tentai de reconstituer son visage en greffant sur ce microsouvenir l'impression d'avoir reconnu une beauté intacte, peut-être trop pour ne pas exclure une chirurgie. D'ailleurs, ses lèvres semblaient gonflées. Je mâchonnai ces hypothèses comme des affabulations possibles. Claire avait vieilli différemment que dans mon esprit. J'ajustai les réalités : toutes ces années, je lui avais offert une autre vieillesse. Une belle vieillesse où je n'avais mis que ses qualités. C'était un moyen de me disculper, de me dire qu'au fond je n'avais rien brisé. Vingt ans avaient passé, et j'ignorais toujours ce que j'avais cassé. À présent, seule la surface m'apparaissait ; cette fille, sa beauté, le bonheur que j'en déduisais.

Depuis sa lettre de rupture, à l'automne 1999, je n'avais jamais imaginé lui reparler. La menace de plainte et la distance – temporelle, physique – avaient rendu un tel geste absurde, inconvenant même. Je n'avais pas oublié Claire. Seulement, elle accompagnait ma vie d'une présence distante, en fantôme que j'avais fini par apprivoiser. Le réel venait tout bousculer. Elle était là, devant moi. L'évidence me rendit fébrile : je devais lui parler. Mais je ne pouvais le lui imposer ici, devant sa fille. J'écrirais. Une heure restait pour trouver le support, le texte, la manière. Il faudrait que je me précipite, lui donne le mot et m'éclipse aussitôt.

Je sortis un carnet. Le film, mon tremblement, l'obscurité : je me réfugiai discrètement aux toilettes, en haut de la salle. Qu'écrire ? Tant se bousculait. Deux décennies comprimées dans ce compte à rebours, une feuille pour m'acquitter de nos quatorze années, une poignée de minutes pour trouver quelques mots. Des mots pareils que les autres, qui seraient les derniers. J'évaluai les options, fis une dizaine d'essais. Je voulais rester bref. Je finis par écrire des excuses dont la formulation exacte m'échappe. J'y avais mis une phrase un peu grandiloquente sur le pardon et le destin.

Je sursautai : la musique du générique commençait. Je me précipitai dans la salle. Le public était toujours assis. La lumière se ralluma. Un trac inimaginable me coupa les jambes, paralysées par l'acte que je m'apprêtais à accomplir. Je me repris. Claire et sa fille, engourdies, se redressaient mollement. C'était le moment. Je n'avais descendu que deux ou trois marches lorsqu'un geste suspendit mon élan. Au lieu de se diriger vers la sortie, Claire s'était retournée pour scruter la salle jusqu'en haut. Son regard me figea. Elle m'avait vu. Une seconde, l'idée qu'elle vînt vers moi me terrifia.

Mais elle s'adressa à l'inconnu à côté d'elle. Approchant une main de la sienne, elle désigna de l'autre la zone où je me trouvais. L'homme répondit par une moue interloquée, avant d'acquiescer. Il se mit à monter les escaliers en suivant le filet de néons rouges. Je regardai Claire le regarder. Un instant après, elle disparut derrière les battants de la porte coupe-feu. Je restai seul devant l'étranger. L'inconnu bredouilla quelques mots en me tendant une feuille pliée. Il repartit. Je suivis sa marche dans la marée rouge des fauteuils vides, agrippant un dossier pour ne pas vaciller. Le souffle suspendu, je dépliai le papier et lus : L'AMOUR VAINC.

pca
cmb
édition pré-presse
livres numériques

44400 Rezé

IMPRIM'VERT®

Achevé d'imprimer
en mai 2024
par Corlet Imprimeur
14110 Condé-en-Normandie

Dépôt légal : mai 2024
N° d'imprimeur : 24030766
Imprimé en France